AF276387

COLEX

Disfrute gratuitamente **DURANTE UN AÑO** de los eBook y audiolibros de las obras de Editorial Colex*

⊛ Acceda a la página web de la editorial **www.colex.es**

⊛ Identifíquese con su usuario y contraseña. En caso de no disponer de una cuenta regístrese.

⊛ Acceda en el menú de usuario a la pestaña «Mis códigos» e introduzca el que aparece a continuación:

RASCAR PARA VISUALIZAR EL CÓDIGO

e pública administrativa. Una visión desde sus antecedentes, la soberanía y el Derecho

⊛ Una vez se valide el código, aparecerá una ventana de confirmación y su eBook y audiolibro estará disponible **durante 1 año desde su activación** en la pestaña «Mis libros» en el menú de usuario.

¡Gracias por confiar en nosotros!

La obra que acaba de adquirir incluye de forma gratuita la versión electrónica.

Acceda a nuestra página web para aprovechar todas las funcionalidades de las que dispone en nuestro lector.

Funcionalidades eBook

Acceso desde cualquier dispositivo con conexión a internet

Idéntica visualización a la edición de papel

Navegación intuitiva

Tamaño del texto adaptable

Síguenos en:

FE PÚBLICA ADMINISTRATIVA

UNA VISIÓN DESDE SUS ANTECEDENTES, LA SOBERANÍA Y EL DERECHO

© José Joaquín Jiménez Vacas

© Editorial Colex, S.L.
Calle Costa Rica, número 5, 3.º B (local comercial)
A Coruña, C.P. 15004
info@colex.es
www.colex.es

I.S.B.N.: 979-13-7011-348-3
Depósito legal: C 1437-2025

A nuestros hijos, a nuestros sobrinos.
A Carmen y a Alfonso.

FE PÚBLICA ADMINISTRATIVA

UNA VISIÓN DESDE SUS ANTECEDENTES, LA SOBERANÍA Y EL DERECHO

José Joaquín Jiménez Vacas

Prólogo
M.ª Inmaculada Hernández-Tejero Larrea

COLEX 2025

«En el principio está el Verbo»
Evangelio de San Juan, 1:1

SUMARIO

PRÓLOGO

El concepto de *fides* en latín, del que procede el étimo castellano «fe», es uno de esos vocablos latinos que resultan muy difíciles de definir con una sola palabra o incluso empleando distintos vocablos. Así, este término expresa confianza, seguridad y creencia, tanto en Dios como en los hombres. Sin embargo, *fides* también alude a lo que genera esa confianza, la rectitud y la lealtad hacia lo que es bueno y fiable para nosotros. De hecho, la *tabularum fides* en el mundo romano hacía referencia a la autoridad de los registros. Freyburger (2009) en su estudio sobre la *fides*, matizaba dos vertientes del término: una con un valor pasivo, que tendría un significado parecido a «crédito, autoridad» y otra con un valor activo, que se interpretaba como «el que genera confianza».

Me siento agradecida de poder elaborar este prólogo, puesto que ambas interpretaciones son aplicables a esta obra. En primer lugar, porque un trabajo así solo nace de un gran profesional. Sigue la estela de la extensa producción del autor sobre el derecho y la función pública, ya que se ha realizado una investigación exhaustiva de la fe pública a través de un estudio de una bibliografía actualizada y detallada sobre el asunto. Además, se aprecia el esfuerzo adicional que conlleva la selección y presentación del contenido. No solo consigue mantener su carácter competente, sino que el autor logra transmitir la información de una manera cercana y clara. Esto demuestra una vez más su implicación, en su afán por no dirigirse a un único sector sino a todo ciudadano interesado en su comunidad, sus derechos y sus representantes en el Estado del que forman parte. Estas personas que dan fe y verifican son conciudadanos, que con su labor regulan y otorgan seguridad jurídica y estabilidad.

La obra está dividida en once capítulos, cada uno de ellos titulados con un término latino y una cita, meditada y apropiada al contenido del apartado. Esta organización está bien pensada para acceder fácilmente al capítulo concreto si se requiere una consulta puntual sobre un aspecto específico. Entre ellos se encuentran los que abordan el origen, la historia y la evolución de esta idea hasta nuestros días.

Hay varios motivos por los que esta obra destaca. En primer lugar, el tema sobre el que versa, puesto que no se encuentran muchos monográficos sobre este concepto. Además, vuelvo a incidir en la comodidad de lectura para alguien que no está especializado en esta temática. Se percibe el trabajo que ha debido resultar sintetizar la información y plasmarla para «todos los públicos» sin perder precisión. Por último, conviene hacer hincapié en el enfoque personal del autor. Hoy en día es fácil encontrar infinidad de datos en muchas fuentes y resulta aún más sencillo obtener opiniones diversas sobre cualquier materia. Sin embargo, no abundan obras que engloben ambas facetas. Eso es precisamente lo que hallamos en estas páginas: el estudio concienzudo del investigador sobre la importancia y la presencia actual de la fe pública unido a la experiencia y reflexión del profesional y servidor público en activo. Sin duda, no hay persona más idónea para dar confianza en la instrucción de este concepto.

Cicerón describe la *fidem* como *sanctissima*, junto al concepto de la amistad. El texto expresa exactamente lo siguiente: «(...) dos cosas, las más inviolables: la amistad y la buena fe. Porque nadie nombra mandatario sino al amigo ni se fía de otro sino de aquel a quien considera fiel». (*SRosc.* 112.7: *Duas res sanctissimas (...), amicitiam et fidem. Nam neque mandat quisquam fere nisi amico neque credit nisi ei quem fidelem putat*). Estas dos cualidades, que tanto valora el orador latino, son las que he percibido de este libro y son las que les invito a experimentar con su lectura.

M.ª Inmaculada Hernández-Tejero Larrea

Doctora en Filología Clásica por la Universidad Complutense de Madrid (UCM), e Investigadora Postdoctoral.

I

ACCEDO

«La historia no se repite, pero rima»
Steven Levitsky y Daniel Ziblatt[1]

La verdad no es patrimonio de nadie.

La modernidad arranca, precisamente, de la secularización de la verdad.

Durante muchos años, la verdad tenía un tiempo, un lugar, un depositario y, así, de la revelación cristiana lo era Moisés en el Monte Sinaí.

La configuración del ser humano como sujeto de conocimiento —y no como un simple portador de la verdad divina— dio, sin embargo, paso al conocimiento científico y puso la verdad al alcance de quien quisiera poner los medios y esfuerzos necesarios para correr detrás de ella, aunque, como la liebre en el canódromo, parezca casi siempre inalcanzable.

Y aunque, casi inmediatamente, la producción de «verdad» se convirtiera en una fuente de poder y se crearan los mecanismos de rarefacción necesarios para otorgar o

---

1. LEVITSKY, S. y ZIBLATT, D., (2018), en la *op. Cómo mueren las democracias*, Universidad de Harvard, Ariel, *vid*. p. 19.

retirar el derecho a producir la verdad, nadie podía alegar su monopolio[2].

Ni siquiera los intentos de adaptar el conocimiento humano y de las sociedades humanas al método científico propio de las ciencias naturales, han logrado cerrar el horizonte de la verdad. Durante años, el fragor de la batalla ideológica se presenta como la lucha entre verdades. La certeza de que cada cual tenía en sus manos la llave del mundo —la única, la desinteresada, la verdadera—.

La evidencia de que las verdades ideológicas sólo escondían sistemas de intereses abrió paso a la idea de tolerancia que a menudo se confunde con el relativismo: Que todas las ideas sean respetables, no significa que todas sean iguales ni que todas sean «verdad».

En el marco del relativismo, la tentación de presentar a la ley como la pequeña verdad común es, además, un modo de desactivar el fundamento teórico de toda argumentación crítica.

— oOo —

Parezca ser una ley de la historia que las preferencias sociales vayan cambiando —pendularmente— por causas tanto exógenas como endógenas, de modo que en determinadas épocas se perfilan marcadas preferencias por la vida privada mientras que otras se decantan por la vida pública y por el interés y vocación por los llamados «asuntos públicos».

Un sinnúmero de cronistas puede recordarnos cómo los demócratas atenienses del siglo de Pericles tenían por «idiota» a quien, abandonando la discusión sobre la cosa pública en la asamblea, se retiraba a sus asuntos privados, porque renunciaba a su condición de «ciudadano», que era

---

2.   RAMONEDA, J., (1999), *Después de la pasión política*, Pensamiento, Taurus, Madrid, vid. p. 108.

lo más que una persona podía ser[3]; mientras fueron los siglos XVII y XVIII los que, por el contrario, descubrieron que buscar los intereses privados bien resultaba una forma legítima de conducta que podía resultar preferible a la de participar de los «asuntos públicos».

El deseo que expresara Pericles, afirmando que cuando un ciudadano se distingue por su valía, entonces se le prefiere para las tareas públicas, no a manera de privilegio, sino en reconocimiento de sus virtudes, mantiene plena vigencia actualmente como idea que, sin llegar a la utopía, implica que «en los asuntos públicos deben estar los mejores ya que, probablemente, sepan proveer mejor los intereses generales» y, como se pretende en este breve trabajo de investigación, proveer también, mejor, el aseguramiento de la «verdad», de hechos, situaciones, estados de las cosas, relaciones y/o conductas.

---

3. CORTINA ORTS, A., (1993), *Ética aplicada y democracia radical*. Ed. Tecnos, Madrid, p. 145.

II

INTRODUCTIO

«Los funcionarios necesitan competencia técnica, nobles ideas y conocimiento de la realidad política, social y económica en cuyo marco han de desarrollar su actividad. Y, por encima de todo, conciencia de idea de servicio. El administrador es, en verdad, un servidor y no un amo».

Laureano López Rodó (mayo de 1963), discurso de ingreso en la Real Academia Española de Ciencias Morales y Políticas.

La ley, es la formalización de unas reglas del juego.

Como tal, la ley es modificable y así debe serlo al ritmo de los cambios que experimenta la sociedad:

Sus creencias, sus mentalidades, sus necesidades. La ley establece los criterios para garantizar un marco de convivencia respetuoso con todos (Derecho político o constitucional), para dirimir los conflictos que puedan derivarse de los acuerdos entre ciudadanos (Derecho civil) y de las relaciones entre los ciudadanos y el Estado (Derecho administrativo) y para castigar a aquellas personas que atentan contra los derechos y libertades de los demás (Derecho penal)[4]. También, la ley pone las bases para un aseguramiento de las relaciones sociales y del tráfico jurídico.

---

4.   RAMONEDA, J., (1999), *Después de la pasión política,* Pensamiento, Taurus, Madrid, vid. p. 107.

— oOo —

Define E. Giménez Arnau, en Derecho Notarial (1976), así, la «fe pública» como «la presunción de veracidad respecto a ciertos funcionarios a quienes la ley reconoce como probos y verdaderos, facultándoles para darla a los hechos y convenciones que pasan entre los ciudadanos».

Comenta —como continuación— que la expresión fe pública tiene un doble significado: uno, en sentido de atestiguar solemnemente. Por el contrario, «dar fe», en sentido gramatical, significa otorgar crédito a lo que otra persona dice o manifiesta.

Doctrinalmente, en Derecho notarial se conocen dos tipos de fe pública, a saber: la originaria y la derivativa.

La originaria, cuando el hecho o el acto del que se da «fe» es percibido por los sentidos del fedatario. Por ejemplo, cuando asienta una certificación de hechos o da fe del otorgamiento de un testamento.

La fe pública derivativa, consiste en dar fe de la manifestación de personas sobre hechos o escritos, propios o de terceros. En este segundo caso, el fedatario no ha percibido sensorialmente el acontecimiento de hecho o el otorgamiento del acto.

— oOo —

Conforme el diccionario de la Real Academia de la lengua española (RAE.), la «fe pública» resulta definida como «la autoridad legítima atribuida a notarios, escribanos, agentes de cambio y bolsa, cónsules y secretarios de juzgados, tribunales y otros institutos oficiales, para que los documentos que autorizan en debida forma sean considerados como auténticos y lo contenido en ellos sea tenido por verdadero, mientras no se haga prueba en contrario».

La fe pública, por su propia definición, cabría añadir, no es sinónimo exclusivo de «fe notarial», ya que, según la clase de hecho, se distinguen la administrativa, la judicial, la registral y la extrajudicial o notarial[5]. Esta última, la «fe notarial», se caracteriza por sus dos elementos básicos: el área de actuación, limitada a actos privados exclusivamente extrajudiciales y la autenticidad que el legislador confiere al documento notarial, una vez sellado y firmado.

Esto quiere decir que, mediante autorización, el notario, como funcionario público, imprime personalidad y existencia al acto formalmente considerado, entrando el documento a gozar de *«fides pública»*.

Ahora bien, y siguiendo en este extremo a J. J. Dolado Esteban (2011)[6], no todos los actos extrajudiciales son de la competencia notarial, ya que existen personas que, sin ser notarios, ejercen la fe pública extrajudicial, entre las que se encuentran: «Los corredores de comercio, los agentes de cambio y bolsa (actualmente integrados en el notariado), los secretarios de ayuntamiento y las autoridades militares»[7].

— oOo —

El artículo 1.º de la Ley del notariado, de 28 de mayo de 1862, señala que el notario es el funcionario público autorizado para dar fe, conforme a las leyes, de los contratos y demás actos extrajudiciales.

El artículo 1216 del Código Civil, a su vez, establece que son documentos públicos los autorizados por notario

---

5. JIMÉNEZ VACAS, J. J., (2022), *El acto de certificación, análisis de la función certificante del secretario de los órganos colegiados de las Administraciones públicas*, Ed. Colex, y también, JIMÉNEZ VACAS, J. J., (2023), «De la función administrativa de Fe pública», 35.ª edición de la *revista del Gabinete Jurídico de la Junta de Comunidades de Castilla-La Mancha (GABILEX)*.

6. DOLADO ESTEBAN, J. J., (2011), en la *op. Notaría militar. Escuela militar de intervención. Curso de perfeccionamiento en Notaría militar*, Ministerio de Defensa, Madrid.

7. ÁLVAREZ-COCA GONZÁLEZ, M.ª J., (1987), «La fe pública en España. Registros y Notarías. Sus fondos. Organización y descripción», *Boletín de la ANABAD*, Archivo Histórico Nacional. Tomo 37, n.º 1-2, pp. 7-68.

o empleado público competente, con las solemnidades requeridas por la ley.

El Código Civil divide, de tal modo y forma, en dos grupos, los documentos públicos: a) los autorizados por Notario, y b), los autorizados por empleados públicos competentes; siguiendo, de esta manera, la terminología de la época en que fue promulgado (empleado público, resulta aquel funcionario a sueldo del Estado, Provincia, etc.).

La «fe pública» podrá clasificarse, así, en dos grupos, según las facultades y atribuciones que le son concedidas al funcionario que la ejerce.

- En un primer grupo se incluiría la «fe pública» que corresponde a todo funcionario por el solo hecho de serlo. El Estado concede a éstos una suerte de «fe pública general» en cuantas declaraciones hicieren, siempre que los actos o manifestaciones que certifiquen se refieran al régimen exclusivo de la dependencia respectiva, o que los testimonios y copias que autoricen lo sean de originales custodiados en oficinas a cargo del funcionario fedatario y por razón de su oficio. Las certificaciones y declaraciones tienen la denominación común de documentos públicos, porque se hallan protegidos por la «fe pública», a diferencia de los documentos privados, que carecen de ella.

- En un segundo grupo, se incluiría, por su parte, la «fe pública» especial, que de manera expresa y concreta concede la ley a determinados funcionarios, llamados por tal causa «fedatarios públicos».

La referida «fe pública especial», a cargo del fedatario público, puede ser ejercida, también, por otros funcionarios distintos de los notarios.

Así, se puede hablar de la «fe pública» judicial, a cargo de los letrados de la administración de justicia; mercantil, que ejercen los agentes de cambio y bolsa; la eclesiástica, atribuida a los párrocos y autoridades canónicas; la consular, desempeñada por los cónsules y vicecónsules; la pública administrativa, atribuida a los secretarios de ayuntamiento (habilitados nacionales)[8]; o la «fe pública» militar que corresponde a los interventores militares.

Como notas diferenciadoras procederá destacar las siguientes, siguiendo en su metodología, nuevamente, a J. J. Dolado Esteban (2011):

a.- Los funcionarios del primer grupo solo dan fe de hechos nacidos en el régimen exclusivo del centro o dependencia donde ejercen sus funciones y que conocen por razón de su destino.

Los del segundo grupo no solo acreditan la verdad de un hecho, sino de todo acto, contrato o declaración de volun-

---

8. Por cuanto al vigente régimen jurídico general en materia de funcionarios de Administración Local con habilitación de carácter nacional, el Real Decreto 128/2018, de 16 de marzo, se dicta en el ámbito de las competencias que el artículo 149.1. 14.ª y 18.ª de la Constitución Española atribuyen al Estado, trayendo, aquél, causa en la Ley 27/2013, de 27 de diciembre, de racionalización y sostenibilidad de la Administración Local, que modifica la Ley 7/1985, de 2 de abril, reguladora de las Bases del Régimen Local y que regula el nuevo régimen jurídico de los funcionarios de Administración Local con habilitación de carácter nacional con el fin de, entre otros objetivos, garantizar la profesionalidad y la eficacia de las funciones de control interno en las Entidades Locales. Dicha regulación está contenida, fundamentalmente, en el artículo 92 bis de la Ley 7/1985, de 2 de abril, que prevé el desarrollo reglamentario de las especialidades correspondientes a estos funcionarios en relación con la selección, formación y habilitación, creación, clasificación, supresión y provisión de sus puestos reservados, así como las que afecten a su régimen disciplinario y situaciones administrativas, reforzando el papel de la Administración General del Estado en relación con los funcionarios de Administración Local con habilitación de carácter nacional al asumir aquella su selección, así como la asignación de su primer destino; reforzando y clarificando las funciones reservadas a dichos funcionarios, al entender que son básicas para el funcionamiento de las Corporaciones Locales, permitiendo, así, una gestión más eficaz y homogénea de este colectivo en todo el territorio nacional, dada la importancia de las funciones que desempeñan en las Corporaciones Locales y su repercusión en el interés general.

tad manifestada en su presencia, dentro del ámbito territorial que tienen asignado.

b.- Los funcionarios del primer grupo, puede decirse, forman parte del acto que certifican (Juntas técnicas, consultivas, etc.), o tienen bajo su custodia la «cosa» de cuya verdad acreditan (libros, actas, expedientes administrativos, documentos, archivos, etc.).

Los del segundo, autorizan la verdad del acto sin formar parte de este, o la realidad de la cosa sin tenerla en su poder.

c.- Los funcionarios del primer grupo aseguran, declaran o «certifican», como actores; mientras que los del segundo autorizan, testimonian o «dan fe», como una suerte de testigos excepcionales.

d.- Los funcionarios del primer grupo, acreditan algo que es parte de su función gestora, administrativa o registral; mientras que los del segundo grupo quedan totalmente al margen de lo que atestiguan, usando las fórmulas: «ante mí» y «doy fe».

Por ello, la formula «doy fe» solamente puede ser usada por los funcionarios públicos que tienen a su cargo el ejercicio de la «fe pública», en cualquiera de sus formas.

El resto, cuando ha de acreditar la verdad de un acto o la realidad de una cosa, utiliza el término «certifico».

III

TRADITIO

Alejandro Nieto García (1976)[9], describe cómo el Rey Federico I de Prusia otorgaba a sus funcionarios «de facto, un trato terrorista: [...] el rigor castrense con que son tratados los funcionarios corresponde a la altanera mentalidad del Monarca, para quien todos sus servidores son poco menos que inútiles y, por descontado, vagos, ladrones, a quienes, aparte de sujetar a la Jurisdicción militar, arremete con frecuencia de obra y de palabra. Y, al final de su vida, recomienda a su sucesor que cuando comience a reinar, decrete una rebaja general de sueldos para demostrar claramente a sus funcionarios la estrecha dependencia que con él los liga».

La clasificación general de funciones de las Administraciones Públicas que, tradicionalmente, ha gozado de un mayor peso y acogida entre la general doctrina jurídica española fue la enunciada por Luís Jordana De Pozas, en 1949, cuando distinguió, en su clásico «Ensayo de una teoría del fomento en el Derecho administrativo», como actividades o medios de la Administración, la de servicio público, la de policía (hoy también denominada de ordenación o *de limitación*) y la de fomento[10], tratada en el siglo XVII entre

9. *La Burocracia* (1976), p. 186.
10. «Fomento», viene del latín *fomentum*, contracción de *fovimentum*, que significa acción de calentar o abrigar.

las diversas especies de la anterior, como policía de prosperidad[11].

A tales fines, tratadistas del fenómeno jurídico-administrativo en nuestro país han considerado que, con un claro carácter «medial», al citado elenco relacionado de actividad, una de las funciones básicas de la Administración es, precisamente, la de aseguramiento de la «verdad» de hechos, situaciones, estados de las cosas, relaciones y/o conductas[12].

No en vano, se preguntaba Miguel de Unamuno[13], entre sus escritos «¿Qué es verdad?».

Y a sí mismo se respondía, reflexivo:

> «Dos clases hay de verdad, la lógica u objetiva, cuyo contrario es el error, y la moral o subjetiva a que se opone la mentira. Y ya en otro ensayo he tratado de demostrar cómo el error es hijo de la mentira.
>
> La verdad moral, camino para llegar a la otra, también moral, nos enseña a cultivar la ciencia, que es ante todo y sobre todo una escuela de sinceridad y de humildad.
>
> La ciencia nos enseña, en efecto, a someter nuestra razón a la verdad y a conocer y a juzgar las cosas como ellas son; es decir, como ellas quieren ser, y no como nosotros queremos que ellas sean».

---

11. Jiménez Vacas, J. J., (2012), «Planes estratégicos de subvenciones: especial referencia a la Comunidad de Madrid», *Diario La Ley* n.º 7961.

12. Martínez Jiménez, J. E., (1977), *La función certificante del Estado, con especial referencia a las intervenciones administrativas sobre los «Derechos de autor»*, vid. pp. 16-17.

13. *Del sentimiento trágico de la vida en los hombres y en los pueblos y Tratado del amor de Dios*. Edición de Nelson Orringe, Tecnos, Madrid (2005), *vid.* p. 355.

IV

VERITAS

«*Quid est veritas?*».
Evangelio de San Juan, 18:38

Dice Raymond Queneau[14], que una sociedad dada es aceptada por:

1. Los que se aprovechan de ella, por supuesto.

2. Los que no la sufren demasiado.

3. Los que les gusta sufrir.

4. Los que no tienen otra cosa mejor que hacer.

A la cuestión planteada, de inicio, a esta investigación, quepa aventurar que, efectivamente, el citado poder de asegurar la «verdad jurídica», de hechos, circunstancias, relaciones y/o situaciones, es un poder del Estado, en tanto que soberano, o directamente derivado de su soberanía.

Como función es, sin embargo, función típica administrativa.

Atribuible, en consecuencia, como competencia clásica, a las Administraciones Públicas. Y, aunque la administración electrónica y toda suerte de actos certificantes automatizados traerán nuevas ventajas, subsisten, por toda esencia,

---

14. QUENEAU, R., (1993), *Traité des vertus democratiques*, París, Gallimard.

los pilares expuestos por Tomás Ramón Fernández Rodríguez en su obra: «La potestad certificante en la jurisprudencia»[15], en que, apoyándose en el diccionario de la Real Academia Española (RAE.) precisaba, de aquella, que tiene por objeto «aquellos supuestos en que exista una constancia fehaciente y demostrable en su concreta realidad del hecho de que se trate».

El mundo de las certificaciones, en efecto, y del otorgamiento de la fe pública, reviste relevancia porque la *potestas* «certificante» es el poder de declarar algo como «verdadero» y que se presuma como tal, con validez —robustecida—, según la Ley de Enjuiciamiento Civil (en adelante LEC)[16].

Citando a José Ramón Chaves García, todos los temarios de oposiciones a las distintas Administraciones Públicas se ocupan del acto administrativo y de las potestades «generales» de las Administraciones, pero normalmente descuidan ocuparse de aquella «discreta» potestad certificante, pese a que es una potestad universal (en cada Administración), con fuerza probatoria más que cualificada. No pocos pleitos, señala así el citado autor, se deciden gracias a dicha labor de «constancia o de fe pública».

Siguiendo a Fernández Rodríguez[17], en nuestro ordenamiento las estructuras orgánicas que tradicionalmente vienen garantizando el principio de «seguridad jurídica», en sus diversas esferas de amparo cautelar, documentadora y publicadora, son la magistratura y el ministerio fiscal —amparo cautelar—, el notariado —en la esfera documentadora— y los registros técnicos ya sean de personas, de bienes o de actos —en la esfera publicadora—.

---

15. *REDA.*, núm. 8 (1976).

16. Chaves García, J. R., (2018), «La potestad certificante sin los siete velos» *(delaJusticia.com) El rincón jurídico de José R. Chaves.* 30/10/2018.

17. Fernández Rodríguez, C., (1999) «El interés público de la seguridad jurídica virtual y su garantía a través del ejercicio de la función administrativa certificante y de otorgamiento de fe pública», en la *Revista Actualidad Administrativa*, Tomo I, vid. pp. 219-234.

En este muy concreto punto, es importante la considera-
ción de que la relación orgánica que ha de existir entre el
que con su autoridad convierte a un documento en público
y la Administración, ha de ser, sin duda, la de ser un notario
o empleado público:

> «Son documentos públicos los autorizados por un
> notario o empleado público competente, con las so-
> lemnidades requeridas por la ley», **conforme el artículo
> 1216 del vigente Código Civil, antes citado**.

Con carácter independiente de aquella función que consiste en otorgar fe pública de los propios actos emanados
de un determinado órgano o poder, la función de otorgar
fe pública sobre los negocios privados ha sido tradicionalmente considerada una función administrativa que la Administración Pública ha atribuido en general a los funcionarios
públicos y, en particular, a muy determinados funcionarios:
notarios y registradores de la propiedad o mercantiles.

En este sentido J. R. Bardallo[18], apunta que existe una fe
pública administrativa atribuida a funcionarios públicos que
sirven en el ámbito de sus competencias; una fe pública
legislativa —que se atribuye a los secretarios de las cámaras legislativas, parlamentos, asambleas, comisiones delegadas, etc., que tiene por objeto los actos o hechos derivados de la actividad propia de dichos órganos—, y una fe
pública judicial —que se atribuye a los secretarios de justicia, hoy letrados de la administración de justicia, y que tiene
por objeto los actos, hechos o datos de los procedimientos
llevados a cabo en sus sedes judiciales—.

Sin embargo, todas estas posibles acepciones integran,
de algún modo, una «fe pública administrativa», por cuanto
se trata de funciones que, aunque orgánicamente emanen
del Poder Judicial o del Poder Legislativo, emanan, por prin-

---

18. BARDALLO, J. R., (1996), «La fe pública notarial», *Rev. AEUT*. Núm.
     65, vid. p. 77

cipio, de funcionarios o de empleados públicos, y son, también, funcionalmente administrativas.

Desde luego, según continúa C. Fernández Rodríguez[19], las certificaciones emanadas de los poderes públicos tienen, en el procedimiento, un valor que no tienen las certificaciones privadas, no solo por el hecho de que acreditan circunstancias respecto de las que, normalmente, con anterioridad, se ha dado fe pública, sino, además, también, porque generan una presunción que dispensa de toda prueba a los favorecidos por ella.

A efectos de prueba en el proceso, es bien cierto que la Ley de Enjuiciamiento Civil (LEC.), considera «documentos públicos»[20] los expedidos por funcionarios públicos legalmente facultados para «dar fe», en lo que refiere al ejercicio de sus funciones (*ex* artículo 317, 5.°), atribuyéndoseles el máximo valor probatorio, mientras que restantes documentos administrativos a los que las leyes aplicables otorguen carácter de públicos, tendrán la fuerza probatoria que establezcan dichas leyes (*vid.* artículo 319, apartados 1.° y 2.° del citado texto legal).

Aquella confiere, al documento público, un valor probatorio superior.

Un valor de aseguramiento de la verdad[21].

---

19. *Op. cit.*, p. 224 y ss.

20. CACHARRO LÓPEZ, M., (2008), «Fe pública y asesoramiento legal preceptivo en la contratación de las Entidades Locales». *Revista Electrónica CEMCI*, n.° 1, p. 7.

21. JIMÉNEZ VACAS, J. J., (2022), *El acto de certificación*, Colex, vid. p. 119.

V

FIDES

*«La verdad, es la condición misma de la
libertad, porque el error, no digamos la falsedad,
conduce inevitablemente a la servidumbre».*
Julián Marías Aguilera[22]

Fe, del latín *fides*, o creencia en algo sin necesidad de que esté confirmado por la experiencia o por la razón propia. Documento público que acredita o en que se certifican determinadas cosas y que, a continuación del nombre y cargo del funcionario que certifica, se dice: *Doy fe de...»*[23] «Pública», del latín *publicus* (no privado o reservado, *oficial*)[24] *«Nihil prius fi de»* (nada antes que la fe).

«Fe pública» vendría a ser, en un sentido literal de sus dos extremos, «creencia notoria o manifiesta».

Para la construcción, en tal sentido, del concepto de «fe pública», cabría tener en cuenta las siguientes consideraciones, a saber[25]:

---

22. (2000), *Tratado sobre la convivencia: concordia sin acuerdo*, Barcelona.
23. DOLADO ESTEBAN, J. J., (2011), *Notaría militar, Escuela militar de intervención, Curso de perfeccionamiento en Notaría militar*. Ministerio de Defensa, Madrid.
24. MOLINER, M.ª, *Diccionario del uso del español*.
25. COUTURE, E. J. (1947) *El Concepto de Fe Pública*.

a) La buena fe y la fe pública no deben ser confundidas. La buena fe, es una creencia; la «fe pública», es la calidad y/o autoridad de una atestación.

b) El contenido de la «fe pública» no es, necesariamente, un contenido de verdad. En diversas circunstancias el Derecho limita la eficacia de esa atestación o aun la llega a anular (cabe prueba en contrario).

Tampoco «fe pública» es sinónimo de plena fe. La ley otorga eficacia de «plena fe» a los actos oficiales regularmente expedidos, pero esa plena fe no es «fe pública». La «plena fe» es, así, una medida de eficacia y no una «calidad del documento»[26].

Todas estas circunstancias, tomadas en su conjunto, permitirán definir «fe pública» como la institución de Derecho público que atribuye a determinadas personas, con la exclusión de las demás, la cualidad de la veracidad en aquello que afirman y/o atestiguan («fe pública subjetiva»), o que da primacía de verosimilitud a lo que declara una norma («fe pública objetiva») frente a lo que afirman y/o atestiguan los particulares[27].

— oOo —

Aunque las líneas maestras de la institución del notariado se esbozan en el medievo, la regulación jurídica de su régimen actual se configura a lo largo de los siglos XIX y XX, haciendo que la naturaleza jurídica de la función notarial quede delimitada por las tres notas siguientes y que a continuación se relacionan:

a) La «fe pública notarial» y la especial eficacia jurídica que despliega el instrumento público, derivan directamente de una facultad atribuida al Estado, que delega su ejercicio en el notario.

---

26. Dolado Esteban, J. J. (2011), *vid. op. cit.*

27. Gutiérrez del Solar, E., (1982), «La fe Pública Extra-notarial». *Revista de Derecho Privado.*

b) El ejercicio de la fe pública notarial se lleva a cabo por los notarios con autonomía e independencia (jerárquica y económica), en su doble condición de profesionales del Derecho y de funcionarios públicos sometidos a un especial estatuto jurídico.

c) La función notarial tiene una naturaleza extrajudicial, circunstancia, la citada, que provoca que el notario no pueda intervenir cuando se produce una contienda judicial entre las partes.

Cabe citar antecedentes más o menos remotos de la figura del fedatario.

El «escriba» hebreo, el egipcio y el *«mnemon»* griego. En Roma, se construye, sobre la del *«mnemon»*, diversificándose en distintos funcionarios de los que destacan, fundamentalmente:

- El *«tabularius»*, profesional que tenía carácter público, siendo el encargado de guardar el censo, gozando de fe pública.

- El *«tabelino»*, si bien profesional de carácter privado y antecedente del actual notario.

La figura del «escribano» persiste hasta el siglo XIX, cuando se promulga, en España, la Ley del Notariado de 1862, normativa considerada punto de partida del notariado moderno en nuestro país[28].

---

28. ÁLVAREZ-COCA GONZÁLEZ, M.ª J., (1987), en la *op.*, *La fe pública en España*.

VI

HISTORIA

«La Libertad es la Ley».
Barón de Montesquieu

La «fe pública» nació en la lejana Edad Media como una necesidad de los mercaderes medievales de dar seguridad a sus transacciones mercantiles y así promover, con ello, un próspero desarrollo comercial basado en la confianza.

Surgió así el concepto de la fe pública notarial y, consecuencia, proliferaron por toda Europa las «escuelas de notarios», cuyos aspirantes debían ser expertos en el arte de la escribanía, es decir, en contratos, últimas voluntades y legalización de otros documentos e instrumentos públicos[29].

Puesto que la escritura requería, inicialmente, de conocimientos técnicos, ello dio lugar al nacimiento de unos profesionales: los escribas o escribanos, que recogían los negocios y actos de trascendencia jurídica con una función esencialmente documentadora.

El último paso en desarrollo de esta función supuso una atribución legal de «eficacia» específica a estos docu-

---

29. LAGARÓN COMBA, M., (2002), «La "fe pública". La presunción de veracidad como instrumento al servicio de la función fiscalizadora». *Revista Auditoría Pública*, núm. 27, (septiembre de 2002).

mentos[30]. La certidumbre, por efecto, que el documento escrito aportaba a la seguridad jurídica dio lugar a que el Estado, una vez reconocida y asumida la titularidad de la «fe pública» dentro de sus competencias, habilitara a determinados profesionales para la redacción de documentos escritos con el fin de atribuir una especial eficacia a los mismos y para garantizar la conservación de aquellos, en original o mediante copia.

Así se va construyendo el concepto jurídico de «documento público» que permitirá dotar al documento escrito, de la especial eficacia que lo convierte en público.

El elemento que definirá al escribano, en efecto, será la función «autenticadora» con lo que el documento que redacta adquiere el carácter de «documento público».

$$- \text{oOo} -$$

El siglo que marcará el tránsito de simple *scriptor,* o mero experto en la redacción de documentos a ruego de otros, a escribano depositario de la «fe pública», será sin duda el siglo XIII.

El resurgimiento del comercio en el Mediterráneo y, después, en el resto de Europa durante la Baja Edad Media revitaliza su figura y su papel dentro del tráfico jurídico. Con anterioridad y aunque ya existente esta figura, había quedado relegada por la recesión económica durante la época del alto medievo. Jaime I crea en Aragón los colegios notariales y en Castilla, aunque aparece el Fuero de Soria otorgado por Alfonso VIII, entre 1170 y 1214, el texto jurídico más antiguo en el que se menciona a los escribanos es de Alfonso X y su labor legislativa, con en el Fuero Real (1255), el Espéculo y las Siete Partidas, donde se constata el punto de inflexión de la regulación sobre esta materia.

---

30.   DOLADO ESTEBAN, J. J. (2011), *vid. op. cit.*

Mediante la Pragmática de Alcalá (1503), Isabel I da carta de naturaleza a la figura del escribano público, crea el protocolo notarial, precisa la noción de escrituras matrices y regula la expedición de copias.

En el Fuero Real, que dedica el título VIII del libro I a tal figura, se establecen los oficios de escribanos públicos en las ciudades o villas mayores con una clara justificación: *«porque los pleitos que son determinados por los alcaldes, o las vendidas o las compras... o las deudas... que non vengan en dubda, e porque no nazca contienda...»*. ...cómo los escribanos públicos deben tener en sí las notas de lo que ante ellos pasa (archivo de notas, precedente del protocolo), cómo el escribano es obligado de dar carta y en qué manera la debe signar; y dar a la parte, cómo el escribano que sucede en lugar de otro puede *facer*, e sacar de la nota del otro, lo que pasó por el otro (sucesión en la custodia de los archivos de notas), cómo ningún escribano debe poner en la carta sino lo que ante él pasó, cómo el escribano es tenido de dar la carta al que la debe haber (derecho a copia), y cómo el escribano debe conocer a los que ante él otorgaron alguna cosa (precedente de la actual «fe de conocimiento»).

El Espéculo (Espejo del Derecho o Libro del Fuero), redactado pocos años después, en 1260, tiene una ordenación completa de la institución notarial y de la Cancillería Real, con insistente referencia al instrumento público.

El Libro de las leyes, es la reelaboración del Libro anterior, realizada entre los años de 1270 y 1280, que en tiempos de Fernando IV, se completará denominándose las «Siete Partidas». Aquél, contiene una ordenación notarial exhaustiva, como un tratado del *Ars Notariae* en el título *«De los scrivanos e quantas maneras son dellos»* y *«De los scriptores»*.

Las Partidas no obtuvieron vigencia legal, como primordial fuente supletoria, hasta 1348, en el Ordenamiento de Alcalá de Alfonso XI. El texto, contiene frecuentes alusiones al escribano y a su función, ofreciendo en el título XIX de la Partida III, una regulación de las formalidades documentales hasta el régimen retributivo y de responsabilidad de los escribanos, distinguiendo entre escribanos de la Corte del Rey (leyes VII y VIII, título IX, Partida segunda), o bien simplemente «escribanos» (con las funciones que hoy tienen los secretarios judiciales, letrados de la Administración de Justicia y los notarios) (título XIX, partida tercera).

El sistema documental de las Partidas subsiste hasta la ley del notariado y la publicación del Código Civil, sistema sólo modificado —parcialmente— mediante la Pragmática de Alcalá antes referenciada.

— oOo —

El reinado de los reyes católicos marcará otro hito desde el punto de vista legislativo, tanto desde un punto de vista recopilador, compilador, como innovador.

Las Ordenanzas Reales de Castilla, en efecto, de Alonso Díaz Montalvo, recogen Ordenamientos de Cortes, Provisiones y ordenanzas reales desde la época de Alfonso XI, siendo la Pragmática de 1503, una obra que aprobará las Ordenanzas de los Escribanos Públicos que regularán el oficio durante la Edad Moderna, suponiendo el nacimiento del protocolo notarial tal y como es en la actualidad. A partir del momento, toda la legislación que afecte a los escribanos, Las Partidas, La Pragmática o «La Instrucción para escribanos numerarios y reales», del año 1750, regulará todos los requisitos que eran precisos para llegar a ejercer el oficio, recopilando esta última el conjunto de disposiciones hasta ese momento dispersas en el Derecho.

Junto a los «notarios episcopales», o clérigos que intervenían en asuntos eclesiásticos, existían, según las Partidas (Partida III, título 19, ley 1.ª), dos clases de escribanos a saber:

1. Los que actuaban en la Casa del Rey, redactando los documentos de la Cancillería regia, y

2. Los *«escrivanos públicos»*, de nombramiento real[31].

---

31. DOLADO ESTEBAN, J. J., (2011), en *Notaría militar...* ob. Cit.

Siguiendo a A. Raquejo Alonso (1992)[32], se constatan muchas clases de escribanos, tanto en el orden civil, como en el militar. Distingue, al igual que M.ª J. Álvarez Coca, en el primero, a los escribanos públicos propiamente dichos (notarios), pertenecientes a la Chancillería regia; los «escribanos del Rey» adscritos a dicha Chancillería bajo la dirección del Chanciller, que tenían por función la redacción de privilegios, cartas, etc., emanadas de la referida Chancillería; los «Escribanos de los Consejos», de las Audiencias, Municipios, Casas de Contratación, Consulados, cuya misión, señala el autor ante citado, era la redacción de acuerdos, sentencias y resoluciones dictadas por dichos organismos y las actas conteniendo sus deliberaciones, «dando fe» de su autenticidad y extendiendo las copias, testimonios y certificados que pedían las partes interesadas.

M.ª J. Álvarez Coca (1987)[33], distingue, finalmente, otras clases de escribanos civiles, según adscripción a un organismo (Escrivano de Cámara, del Crimen, de Provincia, etc.).

Los escribanos públicos, según Las Partidas de Alfonso X, eran los que redactaban, en las ciudades, villas y lugares, las cartas de venta, compra y los pleitos y posturas «que los hombres ponían entre sí», denominándose también escribanos «de número», por cuanto fueron así creciendo de una forma desmesurada, especialmente en momentos de crisis, en que los reyes no dudaban en otorgar estos oficios como mercedes para atraer nuevos partidarios.

Hacia finales del siglo XIV y principios del XV, aquellas ciudades que no tenían este privilegio fueron obteniendo de los reyes concesiones para limitar el número de escribanos, de ahí el nombre de «escribanos de número».

Los escribanos del Rey (o *del Reyno*) eran, al igual que los anteriores, de nombramiento real, con la salvedad respecto

---

32. *Historia de la Administración y Fiscalización Económica de las Fuerzas Armadas*. Ministerio de Defensa, Madrid.

33. *La fe pública en España*.

de aquellos, de que no estaban adscritos a una ciudad pudiendo ejercer su función en cualquier punto del reino, con la única exclusión del lugar en que hubiere un escribano de número, en cuyo caso su labor se reducía a actos muy determinados[34]:

«Los escrivanos reales, en las ciudades, villas y lugares donde hubiere escribano o escrivanos públicos del número, no pueden actuar, ni ante ellos otorgarse escrituras, contratos, obligaciones ni testamentos, pena de privación de oficio y veinte mil maravedís, y los instrumentos otorgados ante ellos no hagan fe».

Los «escribanos de Concejo», ejercían su cometido de manera temporal, independientemente de las escribanías de número.

En un documento datado del año de 1745, el ayuntamiento de Zamora explica el funcionamiento de este oficio[35]:

«Y en quanto a las dos escribanías de Ayuntamiento, estas pertenecen a la ciudad a quien por el señor don Carlos Segundo, Rey que fue de España y la Señora Reyna Doña Mariana de Austria, su madre, como su tutora y curadora destos reynos (que están en gloria), se despachó real zédula, su fecha en Aranjuez en primero de Maio del año mil seiscientos y setenta y quatro, por la que se le dio facultad para poder nombrar personas que siendo escribanos probados usen y ejerzan los dos oficios de Ayuntamiento, removerlos o quitarlos, con causa o sin ellas, todas las veces que quisiere, y poder nombrar otras en su lugar para que aquellas las usen y ejerzan. En la esfera militar y en el Ejército de tierra destaca el Escribano de Ración, encargado de abonar los sueldos de la gente de armas, tomando razón en sus Libros tanto de las pagas que se abonaban, como

---

34. *Vid.* DOLADO ESTEBAN, J. J., (2011), en *Notaría militar... op. cit.*
35. *Archivo Histórico.* Provincial de Zamora. Sección municipal, 19, núm. 122.

lo que devengaban cada mes los Capitanes y Oficiales. Esta figura está ya regulada por la ordenanza de 15 de noviembre de 1369, dada por Pedro IV de Aragón, y por la Instrucción, para el ejército de Italia, dada por Carlos I, el 15 de noviembre de 1536, en la que se establecía que el referido Escribano debía tomar razón de dicha gente y del sueldo de cada hombre, fuera soldado u oficial y que, por libranza del Capitán General, de la que ha de tomar razón el Contador de sueldos, sean enviadas las cantidades necesarias para esas atenciones y pagadas en presencia del Veedor».

La importancia del oficio la resalta el Monarca Felipe II, en la instrucción dada en Bruselas el 19 de abril de 1559, señalando:

«El oficio de escribano de Ración, es de tanta calidad que por su orden y libranzas se distribuyen y pagan todos los gastos del Reino y porque de su buena o mala administración depende, en gran parte, el beneficio de nuestra hacienda...».

El «escribano de Ración», era un oficio que existió también en la Marina, regulado por las instrucciones del Duque de Medina Sidonia de 20 y 29 de abril de 1590, respectivamente[36].

J. J. Dolado Esteban (2011) señala que además del escribano de Ración, en la Marina cabe reseñar la existencia de otros escribanos como el «de Mesa», que no embarcaba, y era el encargado del alistamiento del personal de las embarcaciones que iban a zarpar.

Otros llamados «de Mar», que aparecieron en el siglo XVIII, y los denominados de «Navío, bajeles o galeras», cuyo cometido era, en un inicio, el cuidado de la economía, conservación y buena administración de los pertrechos, municiones y bastimentos que se suministren a los reales bajeles.

---

36.   *Vid.* Dolado Esteban, J. J. (2011). *Notaría militar... en la op. cit.*

Los «escribanos de Galera», con su capitán y comités, después de haber partido a la mar, debían, cada mes, hacer revista de todos los alistados de su galera respectiva; y de haber en la Armada escribano Real, la revista de mes a mes se ejecutará por el mismo (*vid.* Ordenanza de fecha 10 de mayo de 1359). El cometido del escribano que iba a la Armada con el Almirante o Capitán General era el de efectuar requerimientos, protestas, escrituras, inventarios y otros instrumentos y pagos ordenados por los primeros. Las visitas de estos a las naves habían de hacerse en presencia del escribano, trayéndolas firmadas de sus nombres, para entregarlas en la Casa de la Contratación.

En 1717 se confirma la obligación de los capitanes de embarcar en cada nave un Escribano para «dar fe» de lo que, en sus respectivas naves, sucediera (así, por ejemplo, encuentros, batallas, defunciones, pérdidas, naufragios), y autorizaban las cuentas de cada individuo particular y las generales del buque.

En el reparto de presas, se les asignaba, además de su parte correspondiente, los documentos públicos y privados que encontrare en las naves apresadas.

En las Ordenanzas de fecha 16 de junio de 1717, se relacionan las funciones de los escribanos:

> «Llevar tres libros para anotar el inventario del bajel, los nombres de todos los que componen la dotación del mismo y todos los bastimentos, dietas y medicinas que se suministraren durante el viaje; daban cuenta al Intendente de los géneros de bastimento estropeados y presenciaban su arrojo al mar, si así lo ordenaran, extendiendo certificación de ello, para la data del Maestre que los tuviera a su cargo; confrontaban cada tres meses la revista con su libro y asistían a las mismas para dar razón a los ministros de cuanto desearen saber; presenciaban el desarme de los bajeles en sus invernadas; tomando razón de los pertrechos, armas y municiones y demás géneros que desembarcaren en tierra para su ingreso en los almacenes».

Los escribanos de bajeles, además de llevar los tres libros ante citados, para anotar todo cuanto a bordo se ejecutare, tomaban cuenta y razón de lo perteneciente al bajel.

A partir de 1743 añade, en fin, J. J. Dolado Esteban (2011), los «escribanos de navío» dejaron de desempeñar funciones administrativas, económicas y de control de buques, quedando su función limitada a la de «fedatario», no embarcado de todos los asuntos de la marina ocurridos bajo su jurisdicción, de acuerdo con las instrucciones de Fernando VI, de fecha 1751.

En lo referente a los escribanos de naves mercantiles, este oficio se nombra ya en el Libro del Consulado del Mar (1260-1270), siendo la Ordenanza de 07 de septiembre de 1258 la que especificaba las condiciones exigidas para ejercerlo.

Pedro IV de Aragón dictó, a su vez, algunos capítulos en referencia a esta figura en 1340, siendo la colección de leyes náuticas-mercantiles para los puertos y costas de la Corona de Castilla y León, del año 1266, extraídas del Código de las Siete Partidas, donde se especifican, aún más, las condiciones que regulaban esta función, siendo su primordial cometido el ser «fedatarios» de cuantos hechos ocurrieran en la navegación, que tenían obligación de anotar en su cuaderno, al que se daba gran fuerza probatoria, sobre todas las cosas escritas en él, *«que debe ser creído como carta que fuese hecha de mano de Escribano público»* llegando, en 1435, a ser obligatoria su presencia en los bajeles de 1500 quintales para arriba, bajo sanción de no poder ser navegadas ni patronadas.

En el año 1550, se regulan nuevamente los requisitos exigidos para el ejercicio de esta escribanía siendo, entre otros, uno de sus cometidos más relevantes, el de «dar fe» de los testamentos otorgados por los enfermos y moribundos.

— oOo —

La segunda figura jurídica relevante que acomete la función de «fedatario» en la milicia, era la del contador siendo, igualmente, durante siglos, elemento sustancial de la Administración económica castrense y antecedente, a su vez, de la del «Comisario».

Si bien es cierto que esta figura del «Contador» deriva de la del «Mayordomo», con el que siempre se hallaba muy vinculado, teniendo reservadas funciones distintas a las del escribano, lo cierto es que en la esfera militar se trataba de una figura íntimamente ligada y precursora de la del comisario, en que se desdoblan, de una parte, funciones administrativas y de fedatario, con connotaciones, similitudes y analogías con la «fe pública» en el ámbito y proyección de las fuerzas armadas.

Es, sin duda, una figura jurídica, la del «Contador», silenciada en las Partidas, cuya presencia queda constatada, sin embargo, en los tiempos de Pedro I (1350-1369), teniendo por sus principales funciones las de:

> «Asentar en sus libros los albalaes, privilegios, mercedes, cartas y cédulas reales, y expedir libramientos a los funcionarios civiles, así como a la tropa y marinería, por las cantidades que debieran percibir, pues eran ellos los que ordenaban los pagos».

El caso más común, conforme J. J. Dolado Esteban (2011), era el del contador de hacienda encargado, como empleado de Hacienda, de fiscalizar las operaciones de los que recogen las contribuciones y tributos a fin de que se ejecuten con las formalidades señaladas y evitando que se inviertan en otros fines diferentes.

VII

IMPERIUM (SOBERANÍA)

Como señalara F. Abella (1892), al respecto, en el Prólogo del Manual del Secretario de Ayuntamiento o tratado teórico-práctico de Administración Municipal[37]: «Uno de los funcionarios sobre quien más graves y difíciles deberes pesan en la gestión de los públicos intereses, es el Secretario [de Ayuntamiento], por lo mismo que de su inteligencia y discreción penden, por lo general, los intereses, el bienestar y la prosperidad de los pueblos, singularmente en las poblaciones rurales; lo cual no puede negarse que es como la base de la Administración general y de la prosperidad de la Nación. Modestos, los secretarios, en su modo de ser y en sus aspiraciones, su misión resulta, sin embargo, bastante complicada y extensa para que su acierto o sus errores puedan labrar el bien del pueblo, por la recta organización de sus intereses, u ocasionar perturbaciones y daños cuyas consecuencias no es fácil medir por más que se tocan en la práctica con frecuencia harto lamentable. Facilitar, a estos funcionarios, el cumplimiento de tan importante, delicada y trascendental misión y ayudarles a resolver con facilidad y sencillez las cuestiones

---

37. 6.ª edición, corregida y puesta en armonía con las leyes, disposiciones y jurisprudencia dictada sobre todos los ramos hasta el día por la redacción del Consultor de los Ayuntamientos y de los Juzgados municipales (Madrid, 1892)

que cada día se presentan en la gestión de los intereses y de la Administración municipales es, pues, el propósito que nos guía en la presente como en las anteriores ediciones de este libro».

Hoy, bajo el principio de seguridad jurídica garantizado en la Constitución Española de 27 de diciembre de 1978 (*ex* artículo 9.3), la fe pública aparece a modo de elemento concebido como delegación que el Estado soberano otorga, también, a determinados funcionarios y empleados públicos para «dar testimonio» o atestiguar, por escrito, de ciertos actos o hechos acontecidos[38].

De tal modo, se pretende dar confianza a quienes la requieran, pues es la propia sociedad quien pone en manos del otorgado, *ex lege*, con esta facultad, su fiabilidad colectiva.

No obstante, la «fe pública» también significará asegurar algo que se ha visto sin necesidad de que sea probado.

Por tal razón, parece conveniente diferenciar aquella que está referida al ámbito notarial, de la que es de uso común en otras actividades.

Cabe hablar, entonces, siguiendo a M. Lagarón Comba (2002), de «fe pública» en un sentido general y, a partir de aquella, tanto de la notarial como de la administrativa.

De ésta última, emanarán, a su vez, otras como la judicial, la registral o la legislativa. Todas ellas resultarán de una constante utilización en nuestro Estado de Derecho por gran número de profesionales, ya que formará parte esencial del desempeño de su función.

— oOo —

En efecto, el surgimiento del Estado se asoció, en un primer estadio, al «contrato social», en el que las personas,

---

38. «La "fe pública". La presunción de veracidad como instrumento al servicio de la función fiscalizadora». *Revista Auditoría Pública*, núm. 27, (septiembre de 2002).

frente a un Estado de naturaleza ingobernable descrito por Hobbes con su *homo homini lupus*[39], renunciaban a sus libertades a cambio de un cierto orden y seguridad que solo podían quedar garantizados por un monarca absoluto que acumulaba, para sí, todos los poderes y que obtenía su legitimidad, precisamente, de dicho «pacto social».

El surgimiento de un Estado «moderno» que trae, en dicho momento, y al menos, el establecimiento de un orden jurídico «único» que se impone con diferente intensidad al conjunto de ciudadanos, si bien se modela y administra a plena voluntad del monarca, deriva, en palabras de Werner Naef, en una suerte de contexto en que el poder del Estado comienza a recoger partículas de soberanía enajenadas, a recuperar fragmentos territoriales perdidos, a dar contenido a la soberanía estatal, a redondear el territorio y a eliminar las potencias intermedias haciendo directo el poder de mando[40].

Una vez asentado este primer «estadio» de Estado moderno, comienzan a aparecer pretensiones que tratan de limitar el poder absoluto del monarca, representadas —fundamentalmente— en las ideas de Locke, mediante la fragmentación del poder absoluto tanto a través de la participación en la elaboración de las leyes del parlamento como depositario de la soberanía nacional, cuanto mediante el reconocimiento de una serie de derechos naturales (libertad, vida, propiedad privada, etc.) que comienzan a condicionar la actuación del monarca.

Estas ideas son las que constituyen el germen del nuevo pacto social que, junto con el principio de separación de poderes, asientan en las revoluciones liberales-burguesas de finales del siglo XVIII.

---

39. La frase original resulta atribuida a Tito Macio Plauto (254 a.C.-184 a.C.), en su obra *Asinaria*, donde el texto exacto dice: *Lupus est homo homini, non homo, quom qualis sit non novit.*

40. NAEF, W. *La idea del Estado en la Edad moderna*. Ediciones Nueva Época. Madrid (1946).

Sin embargo, estas revoluciones burguesas necesitaron de un andamiaje jurídico en el cual quedasen fijados o codificados estos principios (pacto social, soberanía nacional, separación de poderes y reconocimiento de los derechos individuales), lo que dará lugar al surgimiento del denominado «Estado constitucional».

El triunfo de este conjunto de ideas en buena parte de Europa y América durante la primera mitad del siglo XIX, —España, por su parte, resultará un caso singular, caracterizado por su historia de avances y retrocesos en el reconocimiento de dichos principios[41]— dará lugar al establecimiento del Estado-nación caracterizado por la existencia de un conjunto de personas a las que se impondrá un poder político común, emanado del pacto social y sujeto a normas que asientan sobre un territorio único, inviolable y no enajenable.

Esta noción de Estado se identifica, desde el punto de vista jurídico, con lo que se conoce como Estado constitucional y democrático «de Derecho», ya que presenta las notas características de la separación de poderes, el reconocimiento de derechos individuales y el establecimiento de un principio de legalidad.

$$— \text{oOo} —$$

Más modernamente, se ha convenido denominar Estado de Derecho únicamente a aquél cuya producción normativa reúne una serie de características que proscriben el ejercicio arbitrario del poder y garantizan la libertad, la seguridad y la igualdad de los ciudadanos[42]. Sobre cuáles son esas

---

41.   Luis Sánchez Agesta definiría la historia del constitucionalismo español como «una fiebre devoradora de Constituciones», basada en la presencia de dos fuerzas hegemónicas, liberales y conservadoras, que tratan de imponer sus ideas a través de esos textos constitucionales.

42.   TENA ARREGUI, R., (2023) «Sobre si una ley de amnistía vulnera el Estado de Derecho». *Blog Fundación Hay Derecho*, comentarios, 18

características, existen, sin embargo, muchas teorías, que cabría agrupar en dos grandes bloques: el grueso y el delgado (*thick* y *thin*).

Las teorías *«thick»* incluyen conceptos como la justicia o el respeto a los derechos humanos, así como la participación plural y democrática en la elaboración de las normas.

Los partidarios de dicha concepción *«thin»*, sin embargo, intentan limitarse a un análisis más formal o procedimental, prescindiendo de valores sustantivos.

Así, los dos autores que constituyen la referencia fundamental de la corriente *«thin»* son Leon Fuller[43] y Cass Sunstein[44]. Y si hubiera que sintetizar sus listados de requisitos en uno solo, éste bien podría resultar el siguiente:

1. El Derecho, debe estar formulado en reglas generales.

2. Las normas, deben ser prospectivas y no retroactivas.

3. Debe existir congruencia entre el Derecho promulgado y el aplicado.

4. Deben ser claras, no contradictorias y no exigir lo imposible.

5. Deben ser estables.

6. Debe existir separación entre la elaboración normativa y la aplicación de la ley, con derecho de audiencia y apelación ante órganos independientes.

Una regla jurídica asocia, así, con la idea de impersonalidad, imparcialidad e interdicción de la arbitrariedad.

Considera solo situaciones abstractas y no a personas concretas.

Esta idea conecta con un principio fundamental de nuestra tradición jurídica, formulado claramente por los roma-

---

de septiembre de 2023.

43.   (1969) *The Morality of Law*.

44.   (1996) *Legal Reasoning and Political Conflict*.

nos en la Ley de las XII Tablas (datada 451 a. C.), que es la prohibición del privilegio («*privus legis*», exceptuado de ley).

Comentando la norma, M. T. Cicerón se preguntaba qué podía haber más injusto que eso, ya que la ley, por su propia esencia debe ser una resolución y un mandato para todos.

VIII

IUS

*«La Libertad dijo un día a la Ley: tú me estorbas.
La Ley respondió a la Libertad: yo te guardo»*
(Pitágoras de Samos, 382 - 300 a. C.)

En un sentido jurídico, la «fe pública» es la autoridad legítima atribuida a determinadas personas para que los documentos (públicos) que autoricen en debida forma, resulten considerados como auténticos y lo contenido en ellos sea tenido por verdadero, mientras no se haga prueba en contrario. Consiste, así, en atestiguar solemnemente respecto de algo acontecido, lo que confiere a este acto una función que E. Giménez-Arnau, (1976), califica como «activa», mientras que, en sentido gramatical, significa otorgar «crédito» a lo que otra persona manifiesta; luego en este caso supone una función «pasiva».

No se trata, por consecuencia, de creer en lo que no se ve, sino de una necesidad de rango o carácter jurídico que obliga a estimar como auténticos e indiscutibles los hechos o actos sometidos al amparo de la ley. Ello puede realizarse de forma «originaria» o de forma «derivada», es decir, cuando el otorgado da fe de lo que él percibe o bien, sencillamente, lo hace respecto de hechos o documentos dados a conocer o aportados por terceras personas.

Ya sea de una forma originaria o derivada, la fe pública notarial tiene como finalidad evitar cuestiones litigiosas, de modo que no surjan dudas, o dificultades, en la interpretación de cualquier negocio jurídico. De este modo, las cuestiones sobre la incertidumbre del hecho quedan eliminadas al dotarse al documento, otorgado por el fedatario público, de suficiente fuerza probatoria que permita rechazar, sin riesgo, cualquier duda sobre su autenticidad. Para dar cumplimiento a sus funciones, el notario ha de dar forma legal, por consecuencia, a la voluntad de las partes, redactando y confiriendo autenticidad a los documentos necesarios para dicho fin, así como custodiar los originales y expedir copias que «den fe» del contenido de aquellos.

La fe pública administrativa, por su parte, es una función que se atribuye a determinados funcionarios que sirven a las Administraciones Públicas en el ámbito de sus respectivas competencias.

Tiene, así, por objeto, dar notoriedad y «valor» de hechos auténticos a los actos realizados por tales Administraciones.

Esta función se ejerce a través de los «documentos públicos» expedidos por funcionarios que llevan a cabo tareas de gestión administrativa.

Dentro de ésta, y debido a su distinta naturaleza, cabe destacar las siguientes modalidades: fe pública judicial que, siguiendo de nuevo a M. Lagarón Comba (2002), refiere a la que corresponde a los Secretarios Judiciales, hoy Cuerpo Letrado de la Administración de Justicia, que, con carácter de autoridad pública da fe de las actuaciones procesales que se realicen en un Tribunal o ante éste, así como de la expedición de copias certificadas y testimonios de las actuaciones no secretas ni reservadas a las partes interesadas.

De este modo, dan fe por sí o mediante registro de la recepción de escritos y documentos recibidos, al tiempo que dejan constancia de la realización de actos procesales. Es más, el secretario Judicial es el único funcionario público competente para «dar fe», con plenitud de efectos, de las actuaciones judiciales en juzgados y Tribunales.

La fe pública registral, quizá resulte la «fe pública» por antonomasia. De acuerdo con el Derecho civil, refiere a la presunción de legalidad de que gozan los hechos inscritos en el Registro de la Propiedad. Por su parte, atiende a uno de los principios que rigen la institución del Registro Mercantil y por la que la declaración de inexactitud o nulidad de los asientos de dicho Registro no podrá perjudicar a los derechos de quienes, de buena fe, adquieran a título oneroso un bien de alguien que aparezca registrado con capacidad para transmitirlo y que tal bien haya sido adquirido conforme Derecho.

Fe pública legislativa, es la que se atribuye a los secretarios de las Cámaras Legislativas, Parlamentos o Asambleas Generales, Comisiones delegadas, etc., y que tiene por objeto aquellos actos o hechos derivados de la actividad propia de dichos órganos.

Otro caso reseñable de la fe pública administrativa, es el que refiere a los agentes de la autoridad encargados de la vigilancia de tráfico y cuyas denuncias «harán fe», a salvo de prueba en contrario, respecto de los hechos denunciados, sin perjuicio del deber de aquellos de aportar todos los elementos probatorios que sean posibles sobre tales hechos; muestra palpable del otorgamiento que el Estado —soberano— hace a determinados funcionarios públicos, algunos de ellos revestidos con rango de «autoridad pública», para «hacer fe», o testimonio, de ciertos actos comprobados. Las actas, por su parte, levantadas en el ejercicio de la alta inspección, pueden incluirse entre las denominadas «actas de presencia», que el antiguo y derogado Reglamento notarial definía diciendo que, mediante ellas, se acredita la realidad o verdad del hecho que motiva su autorización[45].

---

45. Manteca Valdelande, V., (2008), en «Aspectos documentales de las actas y certificados en la Administración Pública». Concepto. *Actuali-*

Estos documentos públicos (por ejemplo, los atestados) constituyen antecedente imprescindible para que la alta inspección se entienda como correctamente realizada, aunque el contenido del acta no necesariamente tiene garantizada su autenticidad y el órgano que debe adoptar la resolución o decisión definitiva no se halla vinculado estrictamente por dicho contenido, dado que, frente al citado ejercicio de la potestad de inspección, los inspeccionados también disponen de un cuadro de garantías que sirven de compensación a esta potestad.

El contenido de estas actas sirve, frecuentemente, para que el órgano competente para resolver pueda adoptar medidas cautelares y de instrucción, sin perjuicio de que la resolución final sea en un sentido o en otro.

De tal manera podría decirse que los inspectores, o agentes de la Administración Pública competente, cuando comprueben actos que pudieran ser constitutivos de infracción, extenderán acta con expresión de los hechos y circunstancias relativas a la presunta infracción.

De dicha acta deberá entregarse copia al presunto infractor en el momento de su extensión, si ello fuera posible y, en todo caso, al notificarse la incoación de procedimiento, a efectos de posible descargo, en su caso.

Con carácter general, siguiendo a Manteca Valdelande (2008), cabrá definir estas actas como documentos en los que se recogen determinados hechos, acuerdos o manifestaciones con el fin de obtener, por ese procedimiento (administrativo), la prueba de estos.

— oOo —

El Derecho Civil, en fin, quepa oportuno recordarlo, denomina «hacer fe» a que un documento sea, por sí mismo, suficiente para garantizar la verdad de lo que dice o contiene.

---

dad Administrativa, núm. 1, Sección Práctica Profesional, Quincena del 1 al 15 de enero de 2008, vid. p. 87, tomo 1, Editorial LA LEY 1726/2007.

La función de otorgar fe pública administrativa, lo ha sido en una doble condición, por lo tanto: la orgánica —al ser otorgada por funcionarios o empleados públicos— y la funcional, al tratarse de una potestad que supone constatar como «verdad» determinados hechos, con el fin de obtener, por ese procedimiento, la prueba pública de los mismos.

En definitiva, la fe pública es la función pública que constata la legalidad y validez de determinados hechos y circunstancias *erga omnes* y, actualmente, son funcionarios públicos los que están otorgando fe pública y certificando con determinado valor probatorio —el de documento público[46]— determinadas circunstancias —*ex* artículos 1216 y 1227 del Código Civil—.

Tratando de la función de otorgar fe pública como una función tradicionalmente administrativa, sin embargo, matiza C. Fernández Rodríguez, (1999), que de todos es sabido, sin embargo (y por parte de un importante sector de la doctrina administrativista se ha advertido extensamente sobre ello), que en la práctica habitual de nuestra Administración muchas de estas funciones son llevadas a cabo —indistintamente— por funcionarios o por empleados públicos vinculados laboralmente a la Administración[47], y no por el cauce estatutario.

Sin embargo, en la articulación administrativa de la garantía del principio de seguridad jurídica a través del otor-

---

46. FERNÁNDEZ RODRÍGUEZ, C., (1999), en «El interés público de la seguridad jurídica virtual...», *vid*. pp. 222 y ss.

47. PARADA VÁZQUEZ, R., en *Derecho Administrativo*, Tomo II: *Organización y empleo público* (Madrid, 1998) considera que como la delimitación de los puestos de trabajo que corresponden a funcionarios o a personal laboral no es materia de rango básico, habrá que estar en la regulación autonómica a lo que digan las diversas leyes, que pueden no resultar coincidentes, ni entre sí, ni con los criterios de la Administración General del Estado, ni con la Ley 7/1985, de 2 de abril, Reguladora de las Bases del Régimen Local (LBRL).
Asimismo, DEL SAZ, S. en *Contrato laboral y función pública*, Madrid, (1995), indica esta misma circunstancia.

gamiento de fe pública, tradicionalmente nuestra Administración ha sido purista, atribuyendo esta función, prácticamente con exclusividad, a los funcionarios.

La autoridad, o potestad que, en efecto, otorga carácter público a la función de la «fe pública», consiste en dar valor probatorio —presunción de verdad— y valor formal al documento público.

Los particulares no funcionarios públicos no pueden, así, por el contrario, en ningún caso, otorgar, como es lógico, «fe pública»:

Los privados únicamente pueden acreditar, privadamente eso sí, determinadas circunstancias en ámbito de sus operaciones, con el más reducido valor probatorio del documento privado respecto del público.

En efecto, conforme el artículo 1227 del Código Civil, la fecha de un documento privado no se contará respecto de terceros sino, precisamente, desde el día en que hubiese sido incorporado o inscrito en un registro público, desde la muerte de cualquiera de los que lo firmaron o desde el día en que se entregase a un funcionario público por razón de su oficio.

IX

FUNDAMENTUM

«Mientras la ciencia parte de la duda para buscar la
verdad, la abogacía parte de la verdad para defenderla.
Por ello, la ciencia de verdad cambia, y la abogacía y la
teología no. Es la diferencia entre razón y sentimiento»

Miguel de Unamuno[48]

En el tráfico social, no basta muchas veces la existencia de un hecho, relación o conducta para tenerlos como
ciertos, sino que, en numerosas ocasiones, es necesario,
en razón a la seguridad jurídica y el interés general, que el
Estado, como se ha introducido, en efecto, intervenga, conforme a las leyes y a la competencia que éstas le otorguen,
«asegurando» y/o «acreditando» la certeza de aquellos.

Dentro de un sentido eminentemente práctico, doy por
deducida una necesaria, a mi entender, concisa base teórica
sobre la casuística de este extremo: esta función de «aseguramiento», por fuerza, sólo puede radicar en el Estado
soberano y en quienes éste otorgue, conforme a las leyes,
en todo caso dicha facultad. De otra manera, y de tratarse,

---

48.   *Del sentimiento trágico de la vida en los hombres y en los pueblos y
Tratado del amor de Dios.* Edición de Nelson Orringe, Tecnos, Madrid
(2005), *vid.* p. 355.

por el contrario, de una facultad distribuida indiscriminada-mente, la seguridad jurídica y el interés general precitados, cabe recalcar de inicio, no quedarían a salvo.

M. Rodríguez-Piñero y Bravo-Ferrer (1994)[49], así, en efecto, y al exponer las relaciones entre la fe pública y la seguridad jurídica, define aquella como: «La institución de Derecho público que atribuye a determinadas personas, con exclusión de las demás, la cualidad de la veracidad en todo aquello que afirman o atestiguan (fe pública subjetiva) o que da primacía de verosimilitud a lo que declara una norma (fe pública objetiva), frente a lo que afirman o atesti-guan particulares».

M.ª P. Rojas Martínez del Moral (2003)[50], por otra parte, en su estudio sobre el ejercicio privado de la fe pública notarial la presenta como: «La presunción de veracidad o autenti-cidad con relación a los hechos y actos en los que inter-viene una persona a quien la ley reconoce con la facultad de dar testimonio público de los mismos, siempre y cuando su intervención se realice con las solemnidades formales requeridas por la ley».

M. Paz Taboada, (2006)[51], finalmente, define fe pública como aquella institución de Derecho público por la que se crea una presunción de certeza y de autenticidad sobre los

---

49. Rodríguez-Piñero y Bravo-Ferrer, M. (1994), «La fe pública como valor constitucional». En *Consejo General del Notariado, La fe públi-ca*, jornadas organizadas por el Ministerio de Justicia y el Consejo General del Notariado los días 18, 19 y 20 de abril de 1994. Madrid, pp. 17-30, *vid.*, especialmente, p. 17, donde se emula lo dicho por E. Gutiérrez del Solar (1982) en *op.* «La fe Pública extra notarial». *Revista de Derecho Privado*.

50. Rojas Martínez del Moral, M.ª P., (2003), *Ejercicio privado de la fe pública notarial. Examen jurídico administrativo*. Marcial Pons, Barce-lona, p. 92.

51. Paz Taboada, M., (2006), en «La función de fe pública en las Cor-poraciones locales, su finalidad y alcance. Sus manifestaciones, en especial, actas, certificados y copias auténticas». *El Consultor de los Ayuntamientos y de los Juzgados* núm. 3, pp. 402-417 (15 de febrero de 2006) *vid.*, especialmente, la p. 402.

hechos y actos reflejados en documentos expedidos por una persona a la que la ley atribuye dicha facultad.

El ejercicio de la fe pública produce, así, un efecto fundamental:

Que los hechos y actos sobre los que se extiende la declaración del fedatario puedan ser tenidos por ciertos e indubitados, sin más, sólo por ser el resultado del ejercicio de la fe pública, cuya finalidad es: «Documentar a las relaciones jurídicas de certeza y estabilidad, de autenticidad e indiscutibilidad»[52].

La esencia de esta función exige que lo que se declara sea cierto.

En palabras de M. Rodríguez-Piñero y Bravo-Ferrer (1994), en la *op. cit.*, (p. 18), «el valor jurídico de certeza que implica la fe pública presupone la correspondencia de la realidad y de lo reflejado, pero, al mismo tiempo, impone esa correspondencia, como certeza tutelada por el Derecho».

Es decir, que la norma garantiza que lo que se afirma, en ejercicio de la «fe pública», es cierto, y exige del fedatario público esa certeza.

No resulta fácil ofrecer plena seguridad a un tercero, en efecto, sobre algo que, en principio, le es desconocido[53].

Por ello, un adecuado ejercicio de la fe pública exige atenerse a unos requisitos formales y de fondo:

En primer lugar, siguiendo a M. Paz Taboada, (2006), debe de delimitarse aquello que va a ser objeto de declaración, algo que puede demandar no poca tarea de análisis; y, después, plasmar la declaración en un documento y, según lo que se diga y cómo se afirme, la interpretación que se dé a la declaración puede ser variada.

---

52. Rodríguez-Piñero y Bravo-Ferrer, M., (1994), en la *op. cit., vid*. p. 18.
53. Paz Taboada, M., (2006) *op.*, «La función de fe pública en las Corporaciones locales...».

Claridad y precisión son, por consecuencia, y como dice el precitado autor, notas que deben estar presentes en todo momento.

Enumera M. Paz Taboada, (2006), las notas básicas que dan un perfil reconocible a la fe pública, a saber:

1. Se trata de una función pública y, como tal, está regulada por el Derecho público.

2. Por su naturaleza y finalidad está íntimamente ligada con la «seguridad jurídica», dado que es una de las instituciones creadas por el Derecho para poder darle cuerpo.

3. Crea una presunción de veracidad y de certeza sobre los hechos a los que se extiende; y

4. Implica una actividad por parte del fedatario que concluye en una declaración de conocimiento sobre determinados hechos, que aquel plasma en unos documentos públicos[54].

La «fe pública» existe porque así lo exige la seguridad jurídica, que es un valor garantizado *ex* artículo 9.3 de la Constitución de 1978, en definitiva. La necesidad, por consecuencia, de construir una base sólida sobre la que desarrollar relaciones jurídicas y sociales, hace imprescindible que se articulen técnicas jurídicas que ofrezcan una base de certeza sobre determinados hechos o negocios. Sin ese núcleo de seguridad, la vida jurídica se vería sumida poco menos que en una suerte de caos[55].

La fe pública viene a dar seguridad al crear una presunción de certeza avalada por el Derecho que anuda a ella unas consecuencias jurídicas, lo que permite que las relaciones se desarrollen con fluidez.

---

54.   PAREJO ALFONSO, L. (1994) «Fe pública y Administración pública». *En Consejo General del Notariado, la fe pública*, jornadas organizadas por el Ministerio de Justicia y el Consejo General del Notariado los días 18, 19 y 20 de abril de 1994, Madrid, vid. pp. 155-189.

55.   PAZ TABOADA, M. (2006) *op. cit.*

De esta manera, lo que se afirma con «fe pública» puede ser tenido por cierto e incuestionable. Y ésta es la base fundamental sobre la que se asienta la seguridad jurídica que la fe pública pretende garantizar.

El ejercicio de la «fe pública» quedará sujeto, por consecuencia, a principios que deberán ser tenidos en cuenta al actuar, a saber; y siguiendo de nuevo a M. Paz Taboada, (2006):

- Independencia.

La función de «fe pública», en efecto, se ejerce con total independencia por parte del fedatario que, en este concreto punto, no queda sujeto a instrucciones.

Es, por lo tanto, plenamente «soberano» en su actuación, y responsable, por ella, en la misma medida.

- Autoría.

El fedatario público es el autor del documento público y, como tal, responde de su contenido, de la fidelidad de las manifestaciones que contiene, ya sean éstas propias o ajenas.

De ahí que se pueda decir que los documentos son «autorizados» por el fedatario, pues autorizar deriva de *auctorem facere*, hacerse autor, y de la misma raíz procede, también, el término «otorgar»[56].

- Responsabilidad.

De la autoría desprende, inevitablemente, la responsabilidad del autor por el resultado de su proceder[57]. El

---

56. Díez-Picazo y Ponce de León, L., (1994), «Fe pública y documento público». En *Consejo General del Notariado, La fe pública*, jornadas organizadas por el Ministerio de Justicia y el Consejo General del Notariado los días 18, 19 y 20 de abril de 1994. Madrid, pp. 191-218, *vid.*, en especial, p. 213.

57. Rodríguez-Piñero y Bravo-Ferrer, M., (1994), en «La fe pública como valor constitucional». En *Consejo General del Notariado, La fe pública*, Jornadas organizadas por el Ministerio de Justicia y el Consejo General del Notariado los días 18, 19 y 20 de abril de 1994. Madrid, pp. 17-30, *vid.*, en especial, p. 27.

fedatario queda sujeto a responsabilidad en el ejercicio de la fe pública, por lo que un uso inadecuado de aquella puede dar lugar a la exigencia de responsabilidades de diverso tipo, que tienen su remate en la de carácter penal.

Existirá «falsedad», así, cuando el fedatario falta a la veracidad referida en el documento público certificado que extiende, expide y/o levanta.

Falso, es un documento no verdadero. Falsedad, es lo opuesto a veracidad. Nulo, será un documento público no legal[58]. Lo verdaderamente confuso, y también más discutido dentro del concepto de «falsedad», es la distinción entre falsedad civil y falsedad penal.

Las doctrinas francesa e italiana, principalmente Carnelutti, llegan a la conclusión de que una y otra falsedad puede distinguirse atendiendo al «dolo», o a la culpa de quien la comete. Así, estaremos ante una falsedad civil, cuando el documento no sea verdadero por culpa (no dolo) y será penal cuando intervenga dolo[59].

– Objetividad o imparcialidad en el ejercicio de la función.

La fe pública se limita a reflejar hechos o actos que son conocidos por el fedatario, sin que se puedan introducir juicios de valor u opiniones. Es lo que diferencia, en resumida cuenta, una certificación de un informe, documento que sí incorpora este tipo de información.

– Legalidad.

El fedatario ejerce, en efecto, un «control» de legalidad sobre los actos que autoriza, lo que le exige reali-

---

58. CHICO ORTIZ, J. M. y RAMÍREZ RAMÍREZ, C., en *Temas de Derecho Notarial y calificación registral del instrumento público* (1972), p. 65.

59. *Vid.* CARNELUTTI, F., (1950), *La figura jurídica del notario, Teoría general del Derecho*, tomo VIII, Edición española, *op. cit.* por CHICO ORTIZ, J. M. y Ramírez RAMÍREZ, C., en *Temas de Derecho Notarial y calificación registral del instrumento público* (1972), p. 65.

zar un previo examen de los requisitos del acto en que interviene, así como advertir sobre aquellas cuestiones que considere relevantes desde el punto de vista legal y que afecten a dicho acto.

La «fe pública», por su parte, muestra ciertas particularidades peculiares cuando refiere al funcionamiento de las Administraciones Públicas.

Resumiendo, en este concreto punto, la opinión de Luciano Parejo Alfonso (en la *op. cit.*, 1994), que parte de una distinción entre actividad unilateral y bi- o multi-lateral de la Administración, y separa un ámbito propio de la fe pública en la actividad administrativa dirigido a dejar constancia fehaciente de hechos o actos, quepa hacer breve reseña de lo siguiente:

En cuanto a la actividad unilateral de la Administración, considera que, en este caso, la fe pública, como regla general, queda incorporada en el ejercicio de potestades y competencias de los órganos administrativos como uno de los elementos de la forma de los actos administrativos en que aquellos se traducen.

La actividad administrativa formalizada, es el resultado del ejercicio de un poder público sujeto al principio de legalidad que impone la observancia de la forma y, con ella, de la solemnidad ligada a la fe pública[60].

Por lo que refiere a la actividad bi- o multi-lateral, L. Parejo Alfonso (1994, p. 172), entiende que en este caso puede concurrir la fe pública ínsita en la actividad administrativa, con la fe pública notarial. Es el caso de la formalización en escritura pública de los contratos administrativos.

Para terminar, nos recuerda que, al margen de las exigencias formales de los actos administrativos, la fe pública opera para «hacer prueba, y proporcionar constancia y seguridad jurídica sobre hechos o actos».

---

60. Parejo Alfonso, L., (1994) «Fe pública...», *vid.* p. 171.

Aquí se pretende hacer surgir una específica declaración de conocimiento para fijar hechos o actos ya producidos (Parejo Alfonso, L., 1994, *vid.* p. 182).

En este caso, la fe pública se concreta en actas, certificados y en la expedición de «copias auténticas»[61].

— oOo —

Para M. Paz Taboada, (2006), son cosas distintas la compulsa y la copia auténtica, y en eso coincide con el criterio de A. Pérez Luque (2005).

Ambas, así, son, efectivamente, el resultado de una operación material, en concreto, el cotejo de documentos, la acción de comparar dos, uno original y su copia, para comprobar que ésta última se corresponde con aquél.

Pero el resultado es distinto en uno y otro caso.

En efecto, en la copia auténtica interviene la fe pública por lo que esa copia es un documento público, una copia notarial, que equivale al original y puede presentarse con efectos probatorios plenos.

La compulsa, en cambio, es el resultado de una operación de cotejo que realiza un funcionario encargado de recibir documentos: no interviene aquí la fe pública, por lo que el documento no alcanzará el estado de documento público fehaciente que tiene el expedido por el fedatario.

La copia auténtica será un documento público expedido por un fedatario que tiene un valor probatorio pleno sobre

---

61.   Jiménez Vacas, J. J., (2022), en *El acto de certificación, análisis de la función certificante del secretario de los órganos colegiados de las Administraciones públicas*, Ed. Colex, y *vid.* también, Jiménez Vacas, J. J., (2023), «De la función administrativa de Fe pública», 35.ª edición de la *revista del Gabinete Jurídico de la Junta de Comunidades de Castilla–La Mancha (GABILEX)*.

los hechos y/o actos que documente, equivalente, por tanto, al documento original[62].

Las copias auténticas se expedirán a la vista de los documentos originales, por lo que donde falten éstos no se puede ejercer esa función[63].

La expedición de la copia auténtica puede hacerse por varias modalidades siguiendo, de nuevo, a M. Paz Taboada, (2006):

La más sencilla, extendiendo una diligencia en el documento, en su anverso o en su reverso, haciendo constar que «es copia auténtica del original» que consta en las dependencias administrativas correspondientes, y fue exhibido al fedatario. Es aconsejable que esta diligencia haga mención, en la medida de lo posible, y tal señala el autor citado, a petición de quien se expide el documento.

La más compleja, mediante una transcripción literal del contenido del documento original, lo que será necesario solo cuando éste no admita una fotocopia debido a su estado de conservación, o cuando ésta no sea legible.

La transcripción deberá ir precedida de la descripción del documento que haga el fedatario (sello de registro de entrada que exista, por ejemplo).

Una intermedia, en que la copia auténtica se expide acompañada de un certificado en el que el fedatario público además de dejar constancia de la existencia de ese documento incorpora determinadas advertencias para dotarle del contexto que permita una adecuada interpretación al destinatario: Por ejemplo, continúa el precitado autor, que

---

62. JUAN CASERO, L. J. De., (1995), en «Unas breves notas sobre las denominadas compulsas». *El Consultor de los Ayuntamientos y de los Juzgados*, n.º 20, pp. 2781-2785; y VERA FERNÁNDEZ-SANZ, A. (1996), «Notas más breves aún sobre las compulsas y otras acreditaciones de documentos». *El Consultor...*, n.º 4, pp. 512-514.

63. PAZ TABOADA, M. (2006) *op. cit.*

forma parte de un documento que lleva un determinado título y que está sin diligenciar.

Consideraciones, todas ellas, que no pueden incluirse en la copia expedida.

Todas ellas, en cierto modo también, quizá superadas por las compulsas electrónicas, también conocidas como cotejo electrónico o digitalización certificada, como proceso mediante el cual se verifica la autenticidad de una copia de un documento original, pero en formato digital.

Este método asegura, así en efecto, que la copia electrónica sea idéntica al documento original en papel y se utiliza ya en los diversos trámites administrativos y legales que siguen las Administraciones.

La copia auténtica resultará, en cualquier caso, un documento público revestido de un especial valor probatorio, pues el artículo 319 de la Ley 1/2000, de 7 de enero, de Enjuiciamiento Civil (LEC) dispone que los documentos enumerados en el artículo 317:

> «Harán prueba plena del hecho, acto o estado de cosas que documenten, de la fecha en que se produce esa documentación y de la identidad de los fedatarios y demás personas que, en su caso, intervengan».

Esta última finalidad, es la que motiva que la función de «fe pública» se singularice —para determinados casos— y para el ámbito de las Administraciones Públicas, atribuyéndola, expresamente, a un órgano administrativo.

Así sucede, a efecto, con la secretaría de los órganos colegiados *ex* artículo 16 de la Ley 40/2015, de 1 de octubre, de Régimen Jurídico del Sector Público[64] y, de una forma muy especial, con la fe pública administrativa en las

---

64. JIMÉNEZ VACAS, J. J., (2022), en El acto de certificación, análisis de la función certificante del secretario de los órganos colegiados de las Administraciones públicas, Ed. Colex.

Entidades Locales, atribuida a los secretarios de la Administración Local[65].

Es, este último caso, el que cuenta con mayor raigambre y más larga tradición, el que quizá presenta el supuesto más claro de «fe pública administrativa» y el que cuenta, asimismo, con mayor bagaje normativo.

En palabras de L. Díez-Picazo y Ponce De León, (1994)[66], la fe pública otorga al documento público expedido con ella «un valor probatorio absoluto, que no admite en contrario más prueba que la de la falsedad».

La intervención de fedatario público hace que el documento así expedido tenga el valor de «documento público» en los términos a los que refiere el artículo 317 de la Ley de Enjuiciamiento Civil, que enumera, entre ellos, y a los efectos probatorios, los documentos expedidos por funcionarios públicos legalmente facultados para dar fe en lo que refiere al ejercicio de sus funciones.

---

65.   Paz Taboada, M., (2006), en la *op. cit.*

66.   Díez-Picazo y Ponce de León, L. (1994), «Fe pública y documento público», p. 191-218, *vid.,* en concreto, p. 215.

X

ITEMS

*«Amor, fe y poder, son los tres elementos
constantes en la historia de la humanidad».*

J. A. García-Trevijano Fos[67]

El concepto «certificar», que así nuestro idioma ofrece, hace referencia, en efecto, a instrumentos o documentos acreditativos de la «verdad» de un hecho, asegurándolo, en regla, o en debida forma, teniendo una aceptación derivativa como «documento» en que se asegura, afirma o da por cierta alguna cosa (el denominado «certificado»).

La certificación (el «certificado»), es un acto jurídico de conocimiento. El sujeto activo de ella, el fedatario, conoce algo y de ello da fe y esa fe produce el valor de verdad rotunda, no absoluta, pues, si se demuestra falsedad, puede ser anulada la «verdad» certificada[68].

Al ser un acto de conocimiento, por supuesto con valoración jurídica, no puede haber valoraciones subjetivas o personales en una «certificación», sino aportación de datos objetivos que conoce el fedatario.

---

67. *Curso de Derecho Administrativo*, Universidad de Salamanca, 1961, p. 2.

68. *Vid.* al respecto, PÉREZ LUQUE, A., (2005), en «De algunas cuestiones de las notificaciones y certificaciones de los secretarios de Administración Local». *El Consultor n.º 6* (30 marzo 2005, colaboraciones), pp. 949 y ss., apdo. ¿Qué es una certificación?

Esto es importante, ya que la aportación de opiniones no es propia de la certificación, sino del informe, que es un acto de juicio, de ciencia[69], en el que el informante finaliza «opinando» y diciendo lo que a su juicio debe ser o hacerse.

Un «certificado» es, por lo tanto, un documento en el que su autor refleja unos hechos que conoce. En esto, asimismo, se diferencia de las actas, pues éstas recogen hechos que el autor conoce porque los presencia, pero que no constan documentados; es más, el acta tiene por objeto precisamente documentarlos[70].

Los certificados, por el contrario, reflejarán hechos que el autor conoce porque están documentados, no por haberlos presenciado.

Así, como manifestaciones de la fe pública, que sin duda son, los certificados, consecuencia, son documentos públicos que dejarán constancia fehaciente y veraz de los hechos a los que refieren.

— oOo —

Siguiendo a M. Paz Taboada, (2006), los certificados tienen los siguientes elementos, ítems o notas características, tal como se podrá observar dimanantes de las de la «fe pública administrativa»:

1.ª Objetividad.

Como toda expresión de la «fe pública», los certificados deben ceñirse a una estricta objetividad.

Un certificado se limita, en efecto, a dejar constancia de unos hechos que son conocidos por quien lo expide. Son ajenos por ello, al certificado, los juicios de valor, las opiniones y cualquier otro elemento subjetivo que pueda existir.

---

69. *Vid.* Sentencia del Tribunal Supremo de 08 de abril de 1983.

70. PAZ TABOADA, M., (2006), *op. cit.*

Se puede decir, entonces, que un certificado es algo así como una fotografía: Se «certifica» lo que hay, al igual que la realidad queda reflejada en la película fotográfica.

El certificado fija unos hechos que constan en documentos sin poderse introducir en él ningún juicio de valor.

La necesidad de garantizar la objetividad puede exigir del fedatario que aporte el contexto necesario para que el destinatario del certificado otorgue a la declaración que éste contiene el significado y/o valor que le corresponden, sin dar lugar a ambigüedad, enemiga declarada de la seguridad jurídica.

Es una labor difícil, en muchas ocasiones, que requiere sin duda del autor del documento público una muy especial sensibilidad y cuidado a la hora de expedirlo.

2.ª Base documental previa.

Sólo se puede certificar lo que conste en los documentos que preexistan a la solicitud.

Sin aquella base documental, por tanto, no se pueden expedir certificados, con la sola excepción, no obstante, de los «certificados negativos», referidos en concreto a la falta de constancia de algún extremo —y siempre especialmente delicados, según nos señala M. Paz Taboada—:

Esta denominación refiere, en palabras de Paz Taboada, (2006), a aquellos certificados que acreditan la inexistencia del hecho a que refieren. Mediante este certificado, el fedatario declara que no consta documentado un determinado hecho.

Su alcance es muy claro:

Se puede tener por acreditada la inexistencia del hecho a que se refiere.

Tampoco se oculta, indica el citado autor, la responsabilidad que también atribuye al fedatario público esta declaración. Entiende, el precitado autor, que para poder expedir —con cierta garantía— estos certificados, el fedatario debe dejar bien claro en el documento que expide cuáles son los límites en los que se mueve su función, es decir, qué documento o documentos se examinaron para expedirlo. Este punto debe tenerse presente, pues, que la fe pública opera sobre la base documental examinada, de manera que lo que no se encuentre comprendido en ella no queda amparado por la declaración que contiene.

Por tanto, una mala gestión incide directamente en esta tarea.

Es claro que no es lo mismo certificar que, a la vista de un expediente que esté adecuadamente confeccionado, es decir, con sus hojas foliadas, no consta un determinado acto, pues en ese caso no hay dudas sobre la integridad del expediente, que expedir ese certificado sobre un expediente desordenado y sin foliar, pues nada impide que, después de expedido el certificado «aparezca» un documento que lo deje en evidencia.

Por ello, añade M. Paz Taboada, (2006), que cuando haya que expedir los certificados negativos en estas circunstancias, sin una base documental fiable, es aconsejable hacer constar en el certificado las oportunas reservas para delimitar su alcance y para que el destinatario del certificado pueda darle el valor (relativo, en este caso) que tiene.

Tampoco se debe descartar la opción de negar la expedición del certificado cuando el fedatario no disponga de una mínima base fiable sobre la que ejercer la función de fe pública en los términos en que se solicita.

3.ª Presunción de certeza.

Al estar expedidos en uso de la fe pública, los certificados permiten tener por ciertos, y veraces, todos los hechos que en ellos se reflejan sin la necesidad de mayores esfuerzos.

De ahí su trascendencia, y la responsabilidad a que se enfrenta quien los expide en caso de que no sean ciertos aquellos hechos, pues incurrirá en falsedad.

Así, cuando un cargo político o funcionario sin ejercicio legal de la fe pública emite un documento, que dice «hago constar», esto no es certificación.

A lo sumo será un mero «informe», sin el valor de certeza que una certificación supone.

XI

BREVIA EXEMPLA CASUUM

> *«La Justicia recta, despojada y desnuda de
> amistad y de odio, y una ponderada liberalidad,
> conservan el reino con firmeza».*
>
> Mensaje del quinto enigma del claustro interior del Edificio
> Histórico de la Universidad de Salamanca (USAL).

Resulte necesario recordar, para terminar este breve trabajo de investigación, y no olvidar, siguiendo a Pérez Luque, (2005), que la fe pública es únicamente documental y de hechos sucedidos en presencia del fedatario, que no debe certificar lo que desconoce.

Por eso, M. Montoro Puerto señala, desde antiguo (1969), que:

> «Se debe negar carácter discrecional a los actos de certificación»[71].

F. Garrido Falla, siguiendo a Zanobini en este extremo, pasa a definir acto administrativo como «cualquier declaración de voluntad, de deseo, de conocimiento o de juicio

---

71.   «Actos de certificación». *Revista de Estudios de la Vida Local*. Núm. 162 (1969) p. 228.

realizada por un sujeto de la Administración en ejercicio de una potestad administrativa»[72].

Pero el fedatario público, cuando ejerce su actividad, sólo tiene dos posibilidades: La fe documental y la de hechos:

– La «fe documental»,

Es la que se basa en documentos preexistentes, que están en su poder o que puede analizarlos, para llegar a la materialización final de la certificación (el «certificado»).

Certifica lo que dicen «los papeles» y, lo que no dicen, no puede —no debe— ser certificado.

– La «fe de hechos», o fáctica,

Es lo que se produce en su presencia y, por lo tanto, puede darse fe de ello.

Él fedatario está presente en un acontecimiento y, como testigo y sujeto cualificado del mismo, puede dar fe de lo que ha pasado.

Así sucederá con la asistencia del secretario actuante en las sesiones de un órgano colegiado, por ejemplo[73]. Da fe de lo que se propone, se delibera —opiniones sintetizadas— y se acuerda.

Levantar acta, cualquiera que sea, es una consecuencia de la «fe de hechos».

De igual manera puede certificar de un hecho producido en su presencia.

La fe pública no trata de la legalidad (propia del informe), sino de la «veracidad» de lo que hay en los documentos o de lo que ha sucedido o actuado.

Esta es la conclusión.

---

72. *Tratado de Derecho Administrativo*. Volumen I. Parte General. Décima edición. Editorial Tecnos (1989), p. 380.

73. JIMÉNEZ VACAS, J.J. (2022), *vid*. p. 140.

XII

CONCLUSIO

«El que lo vio lo atestigua, y su testimonio es válido, y él sabe que dice la verdad para que también vosotros creáis».

Evangelio de San Juan, 19, 35:35.

Reproduciendo palabras de J. Arrieta Alberdi, (1994)[74]:

«Se considera que, a través de la discusión y el contraste de pareceres, se llegará a una mejor *perfilación* de la cuestión y, en términos más filosóficos, a un mayor acercamiento a la verdad».

Puede estructurarse, por fin, la función administrativa de «fe pública» como aquella desarrollada por el Estado de forma exclusiva, o por entidades públicas e incluso personas físicas, por su concesión; y que tiene su objeto en la «acreditación» de la verdad, real o formal, de hechos, estados de las cosas, conductas y/o relaciones, por razones de seguridad jurídica e interés general[75].

---

74. *Vid*. ARRIETA ALBERDI, J., en *El Consejo Supremo de la Corona de Aragón* (1494-1707), Institución Fernando el Católico, Zaragoza (1994), p. 436.

75. MARTÍNEZ JIMÉNEZ, J. E., en *La función certificante del Estado, con especial referencia a las intervenciones administrativas sobre los «Derechos de autor»*, (1977), vid. pp. 21-22.

Por cuanto a sus elementos y, más en concreto, al sujeto de la función administrativa de «fe pública»; sólo al Estado como poder soberano, que se encarna en el pueblo, corresponde el ejercicio de esta función de acreditación de la verdad por dichas razones, precisamente, de seguridad jurídica e interés general (*ex* artículo 103.1 de la Constitución Española de 27 de diciembre de 1978).

El Estado, a través de un funcionario público, es, entonces, quién hace esta cobertura de «aseguramiento», conforme a la ley y el Derecho.

La Administración Pública ejerce, objetivamente, así, dicha facultad de servicio público, a través de actos administrativos de una naturaleza no negocial o no discrecional, de «certificación» —o de «fe pública»—, que irán precedidos, a su vez, de otros actos, también, no negociales, en los que se va a constituir la base objetivable sobre la que poder, por efecto, «dar fe».

Esto es, hay actos previos de admisión, de comprobación de circunstancias objetivas o, simplemente, de constancia de situaciones, supuestos sobre los cuales podrá darse la «fe pública» y, con ello, asegurarse objetivamente su «verdad»[76].

La función de «fe pública» se ejecutará, por lo tanto, en dos fases diferenciadas, teniendo como base el concepto del que se parte, en sentido de constituir el objeto de esta función de aseguramiento:

Una primera fase de constancia y una segunda de «fe pública».

El Estado asegura, en definitiva, y otorga «certeza», pero lo hace —lo debe hacer, siempre y sólo— basándose en algo objetivo u «objetivable».

Y la protección por el ordenamiento jurídico de las certificaciones públicas resultará decisiva, ya que la veracidad del

---

76. MARTÍNEZ JIMÉNEZ, J. E., (1977), en la *op. cit., vid*. p. 37.

certificado expedido se presume con efecto propio y absoluto, por su eficacia sustantiva, pues queda cubierta por la fe pública y por su eficacia probatoria *iuris tantum*.

La protege el propio concepto jurídico de la *fides* pública:

Su validez y legitimación se presume, mientras no se demuestre lo contrario con otras pruebas[77].

Esta circunstancia exige, en el funcionario público, toma de conciencia de las necesidades reales de la vida práctica y una formación jurídica suficiente para poder hacer y ejercer sus funciones con *prudentia* romana; lo que equivale a decir, como verdadero jurista.

— oOo —

El jurista, más que otro especialista cualquiera, debe tener en cuenta la limitación y la condicionalidad histórica de su obra.

Lo mejor que puede hacer la generación que tiene puestas sus manos en la obra, es avanzar —un poco— en la ciencia recibida de sus antecesores.

Sólo a través de la actualidad, influimos en el futuro.

El jurista puede también consolarse con las palabras del poeta:

«El que colabora en la obra de su época,
Ha vivido para todos los tiempos»[78].

---

77. JIMÉNEZ VACAS, J. J., (2022), en *El acto de certificación, análisis de la función certificante del secretario de los órganos colegiados de las Administraciones públicas*, Editorial Colex, primera edición, p. 249, (conclusión 6.ª).

78. LUDWIG SPIEGEL (1933), en *Derecho administrativo* (traducción del alemán por F.J. CONDE, Universidad de Sevilla), ed. Labor, sección VIII, ciencias jurídicas n.º 342, Barcelona-Buenos Aires, p. 225.

CONSULTA BIBLIOGRÁFICA

ABELLA, F., (1892), *Manual del secretario de Ayuntamiento o tratado teórico-práctico de Administración Municipal*. Sexta ed., corregida y puesta en armonía con las leyes, disposiciones y jurisprudencia dictada sobre todos los ramos hasta el día por la redacción de *El Consultor de los Ayuntamientos y de los Juzgados municipales*, Madrid.

ÁLVAREZ-COCA GONZÁLEZ, M.ª J., (1987), «La fe pública en España. Registros y notarías. Sus fondos. Organización y descripción». *Boletín de la ANABAD*, Archivo Histórico Nacional. Tomo 37, núm. 1-2, pp. 7-68.

ARRIETA ALBERDI, J., (1994), *El Consejo Supremo de la Corona de Aragón* (1494-1707), Institución Fernando el católico, Zaragoza.

BARDALLO, J. R., (1996), «La fe pública notarial», *Revista AEUT.*, n.º 65.

CACHARRO LÓPEZ, M., (2008), «Fe pública y asesoramiento legal preceptivo en la contratación de las Entidades Locales». *Revista Electrónica CEMCI*, n.º 1.

CHAVES GARCÍA, J. R., (2018), «La potestad certificante sin los siete velos» *(delaJusticia.com) blog, el rincón jurídico de José Ramón Chaves*. Entrada, fecha: 30/10/2018. Oviedo.

CHICO ORTIZ, J. M. y RAMÍREZ RAMÍREZ, C., (1972*), Temas de Derecho notarial y calificación registral del instrumento público*, Madrid.

CORTINA ORTS, A., (1993), *Ética aplicada y democracia radical*. Ed. Tecnos, Madrid.

COUTURE, E. J. (1947), *El Concepto de Fe Pública*.

DEL SAZ, S., (1995), *Contrato laboral y función pública*, Madrid.

DÍEZ-PICAZO y PONCE DE LEÓN, L. M. (1994), «Fe pública y documento público», en *Consejo General del Notariado, La fe pública*, jornadas organizadas por el Ministerio de Justicia y el Consejo General del Notariado los días 18, 19 y 20 de abril de 1994. Madrid, pp. 191-218

DOLADO ESTEBAN, J. J., (2011), *Notaría militar. Escuela militar de intervención. Curso de perfeccionamiento en Notaría militar*. Ministerio de la Defensa. Madrid.

FERNÁNDEZ RODRÍGUEZ, C., (1999), «El interés público de la seguridad jurídica virtual y su garantía a través del ejercicio de la función administrativa certificante y de otorgamiento de fe pública». *Revista Actualidad Administrativa* - tomo I., pp. 219-234.

FERNÁNDEZ RODRÍGUEZ, T. R., (1976), «La potestad certificante de la Administración», *REDA* n.º 8.

FULLER, L., (1969), *The Morality of Law*.

GARCÍA-TREVIJANO FOS, J. A., (1961), *Curso de Derecho Administrativo*, Universidad de Salamanca, Salamanca.

GARRIDO FALLA, F., (1989), *Tratado de Derecho Administrativo I*, 11.ª edición, Madrid.

GIMÉNEZ ARNAU, E., (1976), *Derecho Notarial*, editorial Universidad de Navarra, Pamplona.

GUTIÉRREZ DEL SOLAR, E., (1982), «La fe pública extranotarial», *Revista de Derecho Privado*.

JIMÉNEZ VACAS, J. J., (2012), Planes estratégicos de subvenciones: Especial referencia a la Comunidad de Madrid. Diario La Ley n.º 7961, ed. Wolters Kluwer. Madrid.

(2022), *El acto de certificación, análisis de la función certificante del secretario de los órganos colegiados de las Administraciones públicas*, Ed. COLEX, primera edición, A Coruña.

(2023), «De la función administrativa de fe pública», 35.ª edición de la *revista del Gabinete Jurídico de la Junta de Comunidades de Castilla-La Mancha (Gabilex)*, Toledo.

JUAN CASERO, L. J. DE., (1995), «Unas breves notas sobre las denominadas compulsas». *El Consultor de los Ayuntamientos y de los Juzgados*, n.º 20, pp. 2781-2785.

LAGARÓN COMBA, M., (2002), «La "fe pública", La presunción de veracidad como instrumento al servicio de la función fiscalizadora». *Revista Auditoría Pública, n.º 27, ASOCEX* (septiembre, 2002).

LEVITSKY, S. y ZIBLATT, D., (2018), *Cómo mueren las democracias*, Ariel, Ciudad de México.

LUDWIG SPIEGEL, (1933), *Derecho administrativo* (traducción del alemán por F. J. CONDE, Universidad de Sevilla), ed. Labor, sección VIII, ciencias jurídicas n.º 342, Barcelona-Buenos Aires.

MANTECA VALDELANDE, V., (2008), «Aspectos documentales de las actas y certificados en la Administración Pública», concepto. *Revista Actualidad Administrativa n.º 1*, sección práctica profesional, quincena del 1 al 15 de enero de 2008.

MARÍAS AGUILERA, J., (2000), *Tratado sobre la convivencia: concordia sin acuerdo*. Barcelona.

MARTÍNEZ JIMÉNEZ, J. E., (1977), *La función certificante del Estado con especial referencia a las intervenciones administrativas sobre los «Derechos de autor»*, Instituto de Estudios de Administración Local, Madrid.

MONTORO PUERTO, M., (1969), «Actos de certificación». *Revista de Estudios de la Vida Local. REVL.*, n.º 162.

NAEF, W., (1946), *La idea del Estado en la Edad moderna*. Ediciones Nueva Época, Madrid.

NIETO GARCÍA, A., (1976), *La Burocracia. Instituto de Estudios Administrativos*.

PARADA VÁZQUEZ, R., (1998), *Derecho Administrativo*, tomo II: *Organización y empleo público*, Madrid.

Parejo Alfonso, L., (1994), «Fe pública y Administración pública». En *Consejo General del Notariado, La fe pública*, jornadas organizadas por el Ministerio de Justicia y el Consejo General del Notariado los días 18, 19 y 20 de abril de 1994. Madrid, pp. 155-189.

Paz Taboada, M., (2006), «La función de fe pública en las Corporaciones Locales, su finalidad y alcance. Sus manifestaciones, en especial, actas, certificados y copias auténticas». *El Consultor de los Ayuntamientos y de los Juzgados* n.° 3, pp. 402-417 (15 de febrero de 2006).

Pérez Luque, A., (2005), «De algunas cuestiones de las notificaciones y certificaciones de los secretarios de Administración Local». *El Consultor de los Ayuntamientos y de los Juzgados n.° 6* (30 marzo 2005, colaboraciones).

Queneau, R., (1993), *Traité des vertus democratiques*, Gallimard, París.

Ramoneda, J., (1999), *Después de la pasión política*, Pensamiento, Taurus, Madrid.

Raquejo Alonso, A., (1992), *Historia de la administración y fiscalización económica de las fuerzas armadas*. Ministerio de la Defensa, Madrid.

Rodríguez-Piñero y Bravo-Ferrer, M., (1994), «La fe pública como valor constitucional». En *Consejo General del Notariado, La fe pública*, jornadas organizadas por el Ministerio de Justicia y el Consejo General del Notariado los días 18, 19 y 20 de abril de 1994. Madrid, pp. 17-30.

Rojas Martínez del Moral, M.ª P., (2003), *Ejercicio privado de la fe pública notarial, examen jurídico administrativo*, Marcial Pons, Barcelona.

Sunstein, C., (1996), *Legal Reasoning and Political Conflict*.

Tena Arregui, R., (2023), «Sobre si una ley de amnistía vulnera el Estado de Derecho». *Blog de la Fundación Hay Derecho*, comentarios, 18 de septiembre de 2023.

UNAMUNO, M., DE. *Del sentimiento trágico de la vida en los hombres y en los pueblos y tratado del amor de Dios.* Edición de Nelson Orringer, (2005), ed. Tecnos, Madrid.

VERA FERNÁNDEZ-SANZ, A., (1996), «Notas más breves aún sobre las compulsas y otras acreditaciones de documentos». *El Consultor de los Ayuntamientos y de los Juzgados*, n.º 4, pp. 512-514.